Anmerkung
Die Namen von Personen, bestimmte Facetten aus ihrem Leben und die Details einiger Ereignisse wurden anonymisiert und verfremdet, um die Betroffenen und deren Persönlichkeitsrechte zu schützen.

Das Buch
Erstmals berichtet die Angehörige eines Polizisten von der emotional-sozialen Seite der zum Teil desaströsen Verhältnisse bei der deutschen, speziell der Berliner Polizei. Sabrina R. beschreibt eindrücklich, mit welchen Belastungen Polizeifamilien konfrontiert werden und welche Auswirkungen die desolate Personal- und Ausstattungspolitik auf sie hat. Sie erzählt von der Angst und dem Warten nach gefährlichen Einsätzen, davon, wie unplanbar der Alltag ist und was das für das Familienleben bedeutet, von den Anfeindungen, denen sie und ihr Mann ausgesetzt sind, von dem Verzicht auf gemeinsame Unternehmungen – und von den emotionalen Zumutungen, die aus alldem für sie und ihren kleinen Sohn, aber natürlich auch für ihren Mann erwachsen.

Die Autorin
Sabrina R. lebt und arbeitet in Berlin. Sie schreibt unter Pseudonym, um sich und ihre Familie zu schützen.

Sabrina R.

«Manchmal wünschte ich, er wäre nie Polizist geworden.»

Eine Ehefrau schlägt Alarm

Rowohlt Taschenbuch Verlag

Originalausgabe
Veröffentlicht im Rowohlt Taschenbuch Verlag,
Reinbek bei Hamburg, Juni 2018
Copyright © 2018 by Rowohlt Verlag GmbH, Reinbek bei Hamburg
Lektorat Ulrike Gallwitz
Umschlaggestaltung ZERO Media GmbH, München
Umschlagabbildung Halfdark / Getty Images
Satz FF Scala PostScript (InDesign)
Gesamtherstellung CPI books GmbH, Leck, Germany
ISBN 978 3 499 63320 1

Inhalt

Prolog 6
Ein Brief mit ungeahnter
Wucht 7

Familienleben in anderem Takt 18
Vereidigung 19
«Pass auf dich auf!» 27
The show must go on 40
Routine und Sorge 45
Zynismus als Hilfe 54
Gedanken einer Mutter 58
«Mein Mann ist Polizist» 64
«Das müssen die schon
 aushalten» 71
Die Gefahr kommt mit nach
 Hause 81
Im Regen stehen 85
Die Sache mit den Kindern 97
Der Tod gehört dazu 106

Müde und erschöpft 114
All das allein … 124
Mit Glück Karriere 133
Mit Glück Freunde 142
«Ist doch nicht ansteckend» 148
Warten auf ein Lebens-
 zeichen 155
Überlastet und vorge-
 schoben 161
Es braucht eine große
 Polizeifamilie 165
Vorbereitungen 171
Unwort des Jahres:
 Glaubwürdigkeit 176
Das kleine große Glück 186

Nachwort 190
Ein Brief mit ungeahnter
 Wucht II 191
Das Gespräch mit
 Polizeipräsident Kandt 196
Abschließende Gedanken 201

Prolog

Ein Brief mit ungeahnter Wucht

Irgendwann im September 2016 platzte mir der Kragen. Mein Mann Tim arbeitete nun schon einige Jahre als Polizist in Berlin, und inzwischen war mir klar, dass, was die Führung der Behörde betrifft, vieles im Argen liegt. Während mir anfangs, als Tim mit dem Studium begann und damit in den Dienst der Polizei eintrat, die Dienstzeiten und die potenziellen Gefahren als die größten Schwierigkeiten erschienen, die wir als Familie zu meistern haben würden, bekam ich nun regelmäßig Krisen, wenn ich an die Gesamtumstände und unseren Alltag dachte. Nach nur wenigen Jahren war ich bereits kräftig genervt und wütend – es war absolut nicht ersichtlich für mich, warum die Probleme, die seit Jahren, gar Jahrzehnten, bekannt sind und immer drängender werden, weil Ausstattung, Gebäude und Menschen seither auf Verschleiß gefahren werden, nicht endlich konstruktiv angegangen werden.

Zugegebenermaßen schaue ich mit einem anderen beruflichen Blick auf die Dinge. Ich arbeite in der freien Wirtschaft in einem jungen, engagierten und agil arbeitenden Team. Unser Handlungsfeld ist grob gefasst der Fortschritt, wir müssen also stets Chancen und Risiken ausmachen und Lösungen finden und aufzeigen. Außerdem bin ich von Natur aus ein Typ, der sich nicht scheut, Probleme klar auszumachen, anzusprechen und dann anzugehen. Und das schnell und effizient. Meine Uhren gehen einfach anders. Die Trägheit des Staates macht mich da manchmal wahnsinnig. Ich habe Verständnis dafür, dass man einen riesigen Apparat wie eine Behörde nicht mal eben so reformiert, aber ich habe kein Verständnis für das Aussitzen und Verschleppen von Problemen oder gar für Tatenlosigkeit.

Ich war wütend. Ich stand auf Kriegsfuß mit dem damals noch recht neuen Dienstzeitenmodell, ich haderte mit der Belastung, die mein Mann inzwischen tagtäglich auszuhalten hatte, und schaute besorgt in die Zukunft – offensichtlich wurden die Zustände immer schlimmer, und er würde noch viele Jahre im Dienst sein. Wie würde es wohl in ein paar Jahren um seine körperliche und seelische Gesundheit stehen, wenn das so weiterging? Ich ärgerte mich über die zum Teil mehrere hundert Euro teure Ausrüstung, die wir selbst kaufen mussten, weil der Dienstherr es einfach nicht gebacken bekam, sinnvolle und gute Ausrüstung wie passende Schutzwesten zur Verfügung zu stellen; ich stellte mit Erschrecken fest, dass ich aufgrund der unhaltbaren Zustände bei der Berliner Polizei inzwischen auch arge Konsequenzen in meinem Umfeld – sei es Beruf oder Freundeskreis – hinnehmen musste, und ich schaute beunruhigt auf unseren kleinen Sohn und fragte mich, was all das für ihn bedeuten würde.

Ich verstand einfach nicht, wie man in der Politik und als Dienstherr der Behörde den dort arbeitenden Polizisten beim sinnbildlichen Ertrinken zuschauen und nur daneben stehen konnte – mit gut gemeinten Versprechungen, aber den Händen in den Taschen. Das Gegenteil von gut ist gut gemeint.

Ständig hatte ich das Bild der drei Affen vor Augen: Nichts sehen, nichts hören, nichts sagen. Und ich erinnerte mich an unzählige Diskussionen mit meinem Mann, bei denen ich immer wieder die Fragen «Warum macht man nicht endlich etwas?» und «Warum sagt ihr da denn nichts?» mantraartig formulierte. Mir wurde bewusst, dass das von vielen Bürgern so idealisierte Beamtenverhältnis doch eher ein goldener Käfig ist. Zumindest in meinem Weltbild. Was nutzt mir die Unkündbarkeit, wenn kein Raum für Innovation und Effizienz, für Kritik und Offenheit gegeben wird, wenn ich am Ende nicht einmal selbst entscheiden darf, dass ich den Dienstherrn wechseln und zu einer anderen Polizei, ob nun in ein anderes Bundesland oder zur Bundespolizei, gehen möchte?

Nachdem ich mich lange in das Thema eingelesen und die Entwicklungen verfolgt hatte, war ich fast schon so weit, zu glauben, ich könnte den Laden im Alleingang reformieren und wieder zum Laufen bringen. So viele Probleme sind auf dieselbe Ausgangssituation zurückzuführen und wirken daher fast lächerlich einfach zu lösen. Natürlich maße ich mir nicht an, den Schlüssel zur Lösung aller Probleme in der Hand zu halten – aber es ist auch nicht alles so unmöglich, wie es von Politik und Dienstherr gerne dargestellt wird. Wenn man nur mal zusammenhängend denken und konstruktiv anpacken würde ...

Da waren also sehr viel Wut und Unverständnis in mir aufgelaufen, die sich nicht sinnvoll entladen konnten. Und dann kam es dazu, dass der damalige Berliner Polizeipräsident Klaus Kandt sich in einem Brandbrief beschwerte, dass es Kollegen gebe, die die Berliner Polizei verlassen wollten, es gar Fälle von «Raubernennungen» gegeben habe.

Das Beamtenstatusgesetz besagt, dass eine Versetzung eines Berliner Polizisten nur im gegenseitigen Einverständnis des jetzigen und des neuen Dienstherrn zu erfolgen habe, außerdem ist eine Versetzung ausschließlich mit einem geeigneten Tauschpartner möglich. Ausnahmen gibt es nur bei sozialen Härtefällen. Das bedeutet, man müsste zunächst einen Kollegen in dem Wunschbundesland finden, der gleich geeignet ist und aus seinem Bundesland nach Berlin und in die Berliner Umstände wechseln möchte. Man kann sich vorstellen, dass bei bundesweit schlechtester Bezahlung, veralteter Ausrüstung und schwieriger politischer Lage Berlin nicht das beliebteste Tauschbundesland ist. Bundesbehörden wie der Verfassungsschutz und die Bundespolizei können wiederum als übergeordnete Behörde Polizeibeamte ohne Einverständnis der Polizei Berlin im Rahmen sogenannter Raubernennungen einstellen. Hier muss der entsprechende Polizist nicht kündigen, sondern wird einfach zum Bundesbeamten ernannt, womit sein Dienstverhältnis mit dem Land automatisch erlischt.

Die Föderalismusreform hat die einzelnen Bundesländer in Konkurrenz zueinander gesetzt, da sie nun unabhängig voneinander über Gehalt, Ausstattung usw. entscheiden können. Lange schien die bundesweit schlechteste Besoldung für Berlin kein großes Problem. Doch was sich in den letzten Jahren zunehmend andeutete, ist nun schmerzhafte Realität: Der Personalbedarf ist aufgrund neuer Anforderungen in der Hauptstadt mit Regierungssitz und der aktuellen Pensionierung einer ganzen Generation von Polizeibeamten enorm. Und plötzlich sind die unattraktiven Arbeitsbedingungen im Vergleich zu den anderen Bundesländern und dem Bund eine große Schwierigkeit, nicht zuletzt auch bei der Nachwuchswerbung. Die Großstadt Berlin mit dem anziehenden Werbeslogan «Arm, aber sexy» funktioniert – Überraschung! – doch nicht allein als Lockmittel für fähige junge Leute; ein Besoldungsrückstand von vielen tausend Euro jährlich wird selbst durch eine hippe Stadt nicht kompensiert.

Und anstatt Brandbriefe zu schreiben und auf vorhandene

Regelungen, die zulasten der Beamten gehen, zu pochen – und diese Kritik geht gleichermaßen an Polizeipräsident als auch Landesregierung –, sollte endlich einmal eingesehen werden: Wenn sich ein Angebot am Markt nicht durchsetzt, muss eben ein besseres gemacht werden. Wenn der Dienstherr durch unattraktive Bedingungen seine Beamten nicht halten und keine ausreichende Nachfrage hochwertigen Nachwuchses generieren kann, ist dies nicht das Problem des wechselwilligen Polizisten oder des neu einstellenden Dienstherrn, und ebenso kein sachlicher Grund, die Berufsfreiheit und damit auch die Entwicklungs- und Karrieremöglichkeiten so zu beschneiden.

Aber willkommen in Berlin! Hier schreibt der Mann, der durch mehrfachen Wechsel zwischen den unterschiedlichen Polizeibehörden (vom ehemaligen Bundesgrenzschutz zum SEK Berlin, zur Polizei Brandenburg, schließlich zur Bundespolizei und wieder zur Berliner Polizei) eine beachtliche Karriere vorweisen kann, einen Brandbrief und fordert, dass seine Kollegen nicht so ohne weiteres die Möglichkeit haben sollten, sich durch einen Wechsel beruflich zu verbessern. Er habe zwar Verständnis für die Abwanderungsbestrebungen der Beamten, schreibt der damalige Polizeipräsident Kandt, bestehe aber weiterhin auf Tauschversetzung und Ausnahmen davon nur in sozialen Härtefällen.

Ich meinte zwischen den Zeilen herauszulesen: «Ja, die Umstände sind echt mies, aber deswegen zu gehen ist echt illoyal. Und außerdem machen wir ja schon hier und dort ein bisschen was, zukünftig vielleicht auch ein bisschen mehr, seid mal nicht so undankbar.»

Ich gebe zu, über diese Deutung kann man natürlich streiten. Und wenn man eh schon mit angespannter Grundstimmung an die Dinge geht, liest man solche Zeilen vermutlich weniger wohlwollend, als sie andere interpretieren würden. Offensichtlich war ich jedoch nicht die Einzige, die sehr unwirsch reagierte. Kurz sorgte nämlich eine Antwort der Bezirksgruppen der Gewerkschaft der Polizei (GdP) für großes Aufsehen. Auch hier lässt sich wieder über Formulierungen und Tonlage streiten, aber letztlich stand dieser offene Brief für das Stimmungsbild unter den Kollegen. Und ich dachte mir bei vielen der angesprochenen Punkte: Genauso ist es!

Ich wünschte so sehr, ich hätte auch meine Sicht beitragen können, denn über die Familien sprach bis dato eigentlich keiner, und ich hatte das Gefühl – und habe es auch heute noch –, dass diese Perspektive nicht mitgedacht wird. Neben den gerechtfertigten Diskussionen zu Besoldung, Ausstattung und Arbeitsumständen wurde der Faktor Mensch immer wieder vergessen. Auch Polizisten sind Menschen, die ein Recht auf ein erfülltes Privatleben haben. Meiner Meinung nach sogar noch umso mehr, weil sie einen Gegenpol zum Berufsalltag und einen festen seelischen Anker brauchen.

Also setzte ich mich in diesem besagten September hin und schrieb mir meine Wut von der Seele:

Offener Brief

Sehr geehrter Herr Polizeipräsident Kandt,

«Ihre Beschäftigten leisten verdammt gute Arbeit! Und das seit vielen Jahren unter widrigsten Bedingungen in puncto Ausstattung, Ausrüstung, Arbeitsplatz und Arbeitszeit. Und: Mit der deutschlandweit miesesten Bezahlung!», so öffnet der offene Brief der GdP an Sie. Die darin beschriebenen Probleme sind intern schon lange bekannt. Ich möchte mit meinen Worten an diese Schilderungen anknüpfen und eine neue Perspektive einbringen.

Zur Vereidigung meines Mannes sprach Frank Henkel in der Philharmonie, Polizist- und Polizistin-Sein sei viel mehr als nur ein Beruf. Es sei eine Berufung, die mehr von dem Menschen erfordere. An diesem Tag sah ich Hunderte Familienangehörige, Freunde und Freundinnen, die sehr stolz wirkten und nicht ahnten, wie sehr diese Aussage überspannt werden würde. Denn, wir Angehörigen tragen all die Widrigkeiten des Berufes mit. Mein Mann arbeitet durch das aktuelle Arbeitszeitenmodell und die Unterbesetzung pausenlos durch. [...] Wir haben ein kleines Kind und ich bin inzwischen quasi alleinerziehend. Das hat ernstzunehmende Konsequenzen für meine Karriere. Die Zustände haben inzwischen sogar einschneidende Konsequenzen für mein soziales Umfeld. Ich stoße Freunde und Freundinnen zunehmend vor den Kopf, da ich immer häufiger Verabredungen nicht einhalten kann, dann oft sehr kurzfristig absagen muss. Nicht alle bringen dafür auf Dauer Verständnis auf. Nicht zuletzt ziehen wir dadurch auch Konsequenzen für unsere weitere Familienplanung. Einschnitte an allen Fronten.

Früher habe ich gerne mit stolzgeschwellter Brust vom Job meines Mannes erzählt, heute schweige ich zu diesem Punkt immer häufiger, da ich zunehmend Übergriffe im Privatleben fürchte. Und weil mein Nervenkostüm inzwischen zu dünn ist, bedrohliche Anfeindungen ertragen zu können. [...] ich kritisiere, wenn sich die Polizei immer wieder diesen Menschen stellen muss und dann im «eigenen Haus» keine erhebliche Unterstützung erfährt. Politikerinnen und Politiker sparen nicht mit ihrer (zum Teil verachtenden) Kritik, und nach meinem Gefühl setzen Sie sich nicht merklich für Ihre Kolleginnen und Kollegen ein, Schuld und Fehler werden gerne den Polizeibeamtinnen und -beamten zugeschoben.

Und dennoch steht mein Mann jeden Tag wieder in der Wache, macht jeden Tag einen guten Job, auch wenn oft keine Zeit für Erholungsphasen bleibt. Der Bevölkerung sind die Zustände wenig bewusst, den Medien sind sie kaum einen Bericht wert. Davon profitieren Sie. [...] Sie sollten jede Kollegin und jeden Kollegen über die Maßen wertschätzen. Trotz aller Widrigkeiten sieht mein Mann seinen Beruf noch immer als Berufung. Er wählte ihn, nicht weil er einen Staat beschützen will, sondern die Menschen. Er will helfen, beistehen, retten und für Gerechtigkeit sorgen. Noch immer und jetzt erst recht, bin ich jeden Tag stolz auf ihn. Dieser Stolz lässt aber nicht überwinden, was mein Mann tagtäglich nicht nur durch den Berufsalltag, sondern vor allem durch den durch die Politik herbeigeführten Raubbau und die schlechten Schönheitsreparaturen, die vieles oft nur verschlimmbessern, erleben muss. Er tröstet nicht über all die Konsequenzen, die sich für meine Familie ergeben, hinweg. Nicht mehr.

Die Zustände machen mich wütend, und sie machen mich traurig. Manchmal wünschte ich, mein Mann hätte diesen Beruf nie gewählt. Manchmal ärgere ich mich dann auch über ihn. Wir haben es im Freundes- und Bekanntenkreis mit einem Polizisten oder einer Polizistin als Partner schon mehrfach erlebt: Familien reiben sich auf, viele halten zusammen, immer wieder führt es auch zur Trennung. Als ich unser kleines Kind befragte, was an Papas Beruf besser sein könnte, kam die Antwort prompt: Nie ist Papa da. Und was mich dann sehr erschreckte, weil es vollkommen unerwartet kam: Unser Kind macht sich auch Sorgen, erinnert sich an Papas Verletzungen letztens im Gesicht. Ist Ihnen diese psychische Belastung, die wir als gesamte Familie tragen, eigentlich bewusst?

Von all dem Geld, das wir investieren mussten, um durch Zukäufe oder Ersatz der dienstlich gelieferten Grundausstattung wirkliche Sicherheit zu gewährleisten, fahren andere Familien in den Jahresurlaub. Ich kenne Hämatome an allen Körperstellen in unterschiedlicher Schwere, ich kenne Stauchungen und Quetschungen. Ich kenne die Ungewissheit, wenn nach Anspucken und Beißen auf die Entwarnung des Arztes gewartet wird. Ich kenne die Wut und die Enttäuschung und das teils schwere Wieder-Aufraffen nach Tagen, an denen zum Schutz anderer über zwölf Stunden in Vollmontur bei 30 °C Hitze mit 10 kg Ausrüstung pausenlos gestanden wurde und es Beschimpfungen, Beleidigungen und durchaus auch Flaschen und Pyrotechnik hagelte. Ich kenne die Beulen und Dellen im Schutzhelm, deren Ursprung zu meinem Seelenheil nicht näher definiert wurde. Ich habe Reste von Toten aus der Uniform gewaschen, ich habe das Blut meines Mannes aus der Uniform gerieben.

Im offenen Brief heißt es: «Ihre Erwartungen zur Aufrechterhaltung des Dienstbetriebes gehen auf Kosten der Gesundheit und des Familienlebens Ihrer Dienstkräfte. Überstunden und Dienstplanänderungen sind keine Ausnahme, sie sind die Regel. [...] Private Schwierigkeiten infolge unklarer Arbeitszeiten sind heute für viele Kolleginnen und Kollegen traurige Realität.» Alle Angehörigen tragen die vorherrschenden Widrigkeiten mit: Wir sind die Ehefrauen und Ehemänner, Partner und Partnerinnen, wir sind die Töchter und Söhne, Mütter und Väter, Freunde und Freundinnen, und wir alle müssen die momentane Situation erdulden. Diese Tragweite sieht kaum jemand. Wir müssen in vielen Lebenslagen verzichten, uns Sorgen machen, mit Anfeindungen leben. Unsere Partnerinnen und Partner sehen die Polizei als Berufung, reiben sich auf und riskieren nicht selten Gesundheit und Familie. Mit Ihrer Politik zermürben Sie nicht nur Polizeibeamte und -beamtinnen, sondern auch die Menschen, die mit ihnen in enger Verbindung stehen.

Sehr geehrter Herr Kandt, und ebenso sehr geehrte Frau oder sehr geehrter Herr (kommende/r) SenatorIN für Inneres und Sport des Landes Berlin: Sie haben eine Fürsorgepflicht, und es sollte Ihnen ein zutiefst wichtiges Anliegen sein, für die Menschen einzutreten, für die Sie Dienstherr und politischer Vertreter sind. Polizistinnen und Polizisten und ihre Angehörigen sind Bürgerinnen und Bürger dieser Stadt. Wenn Sie keine Politik für uns Menschen machen, wofür machen Sie dann Ihren Job? Die Situation ist eine Zumutung für meine und Tausende anderer Familien, und ich fordere Sie als Dienstherr, aber auch als Vater und Ehemann auf, jetzt aktiv notwendige Schritte für eine umgehende Verbesserung einzuleiten.

Mit freundlichem Gruß.

# Familienleben in anderem Takt

Vereidigung

Endlich finden wir einen Parkplatz, die Zeit ist bereits knapp. Wir diskutieren noch kurz, ob wir uns ein Parkticket kaufen oder die Strafe riskieren. Letztlich kratzen wir alle Münzen zusammen und halten uns an die Regeln. Dennoch entbehrt es nicht einer gewissen Ironie, dass wir darüber nachgedacht haben, den Tag der Vereidigung meines Mannes gleich mit einer Ordnungswidrigkeit zu beginnen.

Nun steckt das Ticket hinter der Frontscheibe, und mein Schwager Basti, meine Schwägerin Sina und ich machen uns auf den Weg zur Philharmonie. Vor dem Gebäude ist alles blau. Hunderte junger Menschen in Uniform stehen zusammen, schwatzen, lachen und freuen sich auf die kommenden Stunden. Während wir uns nähern, versuche ich meinen Mann unter all den Uniformierten zu finden. Da löst sich einer von ihnen aus der Menge und kommt auf uns zu: Tim. Was für ein Bild! Natürlich hatte ich ihn bereits in Uniform gesehen, als er zum ersten Mal alles mit nach Hause brachte. Aber jetzt, draußen und mit all den anderen Polizisten*, ist es für mich noch einmal etwas Besonderes. Ich werde nie vergessen, wie stolz er war und wie sehr er diesen Moment genoss. Ich bin hin und weg.

Noch heute erinnere ich mich gerne an diesen Augenblick.

---

* Aus Gründen der besseren Lesbarkeit wird hier und an anderen Stellen meist nur die männliche Form verwendet. Die weibliche Form ist selbstverständlich immer mitgemeint.

Da war alles noch ganz neu, aufregend und ausgefüllt mit Stolz und Freude. Inzwischen haben auch andere, negative Gefühle Einzug gehalten. Die Situation lässt sich vielleicht ein wenig mit dem Elternwerden vergleichen: Obwohl der Verstand einem sagt, dass es mit einem Baby auch anstrengende, schwierige Zeiten geben, dass sich alles verändern und der Alltag nicht immer Spaß machen wird, überwiegen doch die Freude und ein leicht romantisch verklärtes Bild über das zukünftige Familienidyll. Ist der Nachwuchs dann erst einmal da, schlägt die Realität mit voller Wucht zu. Die Liebe, der Stolz und die Freude bleiben natürlich, aber mit einem Kind kommen eben neue Aufgaben und neue Gefühle hinzu, die nicht immer nur eitel Sonnenschein sind. Wie es ist, weiß man eben erst, wenn man wirklich drinsteckt.

Wir sind sehr besonnen mit der Berufswahl umgegangen. Polizist zu werden war seit jüngsten Kindheitstagen der Traum meines Mannes. Und trotz einiger Verklärung, es war doch immer klar, dass es ein anspruchsvoller Beruf mit besonderen, nicht alltäglichen Anforderungen und Gefahren ist. Dennoch, wie bei unserem Sohn auch, war vieles vorher nicht absehbar. Die Entscheidung trafen wir gemeinsam, die Konsequenzen sind dagegen recht ungleich verteilt.

Während Sina und Basti die ersten Fotos von Tim in Uniform machen, platze ich vor Stolz und sauge den Moment völlig in mich auf. Schick sieht er aus, ziemlich attraktiv. Er steht aufrecht, das Kreuz wirkt breiter, die ganze Haltung fester und überzeugter. Er lächelt. Ich bin berührt, drücke ein Tränchen weg und falle ihm in die Arme. Auf diesen Moment hat er so lange hingearbeitet. Schon einmal hatte er sich beworben, dann wurden plötzlich die Einstellungen in Berlin für einige Jahre ausgesetzt, und wir brauchten einen beruflichen Plan B. Als dann wieder eingestellt wurde, ermunterte ich Tim sehr, trotz eines guten und sicheren Berufs die Gelegenheit zu nutzen und seinem Traum zu folgen. Obwohl er einige Zweifel hatte und auch Ungewissheit herrschte, was kommt, bewarb Tim sich und kniete sich von Anfang an mächtig rein. Mit dem Rauchen hat er aufgehört, sein Sportpensum erhöht, sich intensiv mit den Tests des Auswahlverfahrens beschäftigt, die Allgemein- und die politische Bildung noch einmal aufpoliert. Über Monate zog sich das Auswahlverfahren hin, es ging von einem Test zum nächsten, und über all die Monate schaute er immer und immer wieder auf die Online-Rangliste. Wer unter den ersten 90 war, war drin. Die Tests meisterte er gut, etwas Zittern gab es bei der ärztlichen Untersuchung. Tim hatte Berichte darüber gelesen, dass bei jungen, sportlichen Menschen Erkrankungen diagnostiziert worden sind, die denen bisher gänzlich unbekannt gewesen waren und die das Aus für den Polizeidienst bedeuteten, beispielsweise Skoliose (eine seitliche Verkrümmung der Wirbelsäule) oder kritische Blutwerte.

Sein Wissen kann man erweitern, seine Sportlichkeit verbessern – auf unentdeckte Erkrankungen oder sonstige körperliche Schädigungen hat man dagegen keinen Einfluss.

Nach einer gefühlten Ewigkeit kam endlich die ersehnte Nachricht: Tim war gesund, er war eine Runde weiter. Wir atmeten auf. Alle Tests waren durch, Tim rangierte unter den Besten. Er würde Polizist werden! Für einen kurzen Moment kamen ihm dennoch Zweifel. Sollte er wirklich den sicheren Beruf an den Nagel hängen und noch einmal ganz neu starten? In den nächsten drei Jahren würde er zunächst ein Studium absolvieren müssen, und er hatte etwas Sorge, es nicht zu schaffen. Ich zweifelte nie an ihm, aber ich konnte verstehen, dass er seine Entscheidung zumindest noch einmal überdachte. Immerhin bedeuteten eine Einstellung und damit das Studium bei der Polizei nicht, dass man den Beruf am Ende auch sicher hat. Würde er zweimal durch eine Prüfung fallen, sei es in Rechtslehre oder Schwimmen, er wäre von heute auf morgen arbeitslos. Zusätzlich sollte sich im Verlauf des Studiums zeigen, dass ihn und seine Kollegen auch eine permanente Angst vor Verletzungen quälen würde. Angst, dass ihnen bloß nichts widerfuhr, was ein Ausschlusskriterium darstellen könnte.

Dies alles schießt mir noch mal durch den Kopf, als er jetzt vor mir steht, in Uniform und am Tag seiner Vereidigung.

Später in der Philharmonie sitzen die Familien und Freunde getrennt von den Anwärtern. Sie haben eine eigene Loge. Ein Meer blauer Hemden mit einem kleinen bunten Farbklecks. Später erklärte mir Tim, das seien die Kripos gewesen, Kriminalbeamte, die nicht uniformiert werden. Uniformen tragen die Schutzpolizisten, die Schupos, zu denen nun nach dem Ablegen des Eides auch mein Mann gehört.

Ich bekomme Gänsehaut, als alle Anwärter schwören, immer ihren Dienstpflichten nachkommen und für Stadt und Bürger sowie die freiheitlich-demokratische Grundordnung eintreten zu wollen – ein guter Cop sein zu wollen, wie Tim es später einmal zusammenfasst. Der Beruf verlange mehr dem Einzelnen ab als andere, auch privat müsse man für Rechtsstaatlichkeit, die Werte und Überzeugungen einstehen und sei vermutlich nie wieder so unbedarft wie vorher, sagte der Innensenator in seiner Rede anlässlich der Vereidigung.

Ich hätte dennoch nie gedacht, dass Tims Beruf unseren Alltag, unsere Ehe auf eine derart harte Probe stellen würde. Wenig gemeinsame Zeit und die ständig fehlende Planungssicherheit für uns als Familie, aber auch für unseren weiteren Familien- und Freundeskreis, Verletzungen unterschiedlicher Schwere und die psychische Belastung durch Fälle, die an die seelische Substanz gehen, sind für uns Alltag geworden. Auch lässt der Polizeidienst kaum effektive Erholungsphasen für Tim zu. Bei den Worten des Innensenators dachte ich noch, ja klar, man sollte ein grundsätzlich ehrlicher Mensch sein, für Gerechtigkeit und Schutz einstehen können und selbst danach leben. Mindestens genauso logisch erschien es mir, dass der Beruf einen verändern wird. Diese recht allgemeinen Überlegungen von damals klingen für mich aus heutiger Perspektive sehr idealistisch – und auch ein Stück weit naiv.

Ich halte grundsätzlich noch immer sehr viel von Menschen, die sich für den Polizeiberuf entschieden haben, weil ich viele von ihnen kennengelernt habe und weiß, mit wie viel Fleiß, Engagement und Idealismus sie an ihre Arbeit herangehen. Ich höre aber inzwischen auch immer wieder von Polizisten, die nur noch wenig Engagement zeigen, sich auf Kosten der Kollegen durchschummeln, verbittert sind und keinen guten Job mehr machen.

Aber Polizisten sind eben auch nur Menschen und nicht über andere erhaben: Sie haben Schwächen und Launen wie alle anderen, und es gibt schwarze Schafe unter ihnen wie in anderen Berufen auch. Aber die Anforderungen an ihre Moral und ihre Integrität sind schon besonders: Sie müssen Mut und Durchhaltevermögen entwickeln, aber auch viele schwierige Situationen einfach aushalten und diese später ausblenden können; sie müssen dazu in der Lage sein, über eine gewisse Macht zu verfügen, sie aber nicht zu missbrauchen, nicht abzuheben.

Genauso oft müssen sie das Gefühl ertragen, machtlos zu sein und Dinge nicht ändern zu können, die aber für mehr Gerechtigkeit dringend geändert werden müssten. Sie müssen vor allem ertragen, dass ihr Berufsstand immer wieder zwischen die Fronten gerät, ob nun buchstäblich bei einer Demonstration, wo Linke auf Rechte treffen, oder sinnbildlich, wo die Politik sie als Spielball benutzt. Sie müssen lernen, mit Ablehnung, Ekel, Gefahr und Tod umzugehen und jeden Tag wieder nach Hause zu kommen und die gleichen, geliebten Menschen zu sein, als die sie gingen.

Heute kann ich wirklich beurteilen, was dieser Beruf für die ihn Ausübenden und ihre Familien bedeuten kann und wie viel es den Polizisten manchmal abverlangt, jeden Tag wieder zum Dienst zu erscheinen. Doch welche Auswirkungen Tims Beruf auf uns als Menschen und Paar haben würde, welche Einschnitte er für meine Freundschaften und meine Karriere, vor allem aber für unseren Sohn bedeuten würde, davon ahnte ich an diesem Tag nichts. Ich habe mir darüber auch überhaupt keine Gedanken gemacht. Dass mein Mann zum Beispiel auch an Wochenenden und Feiertagen und pausenlos im Schichtdienst würde arbeiten müssen, war mir klar und beunruhigte mich nicht. Was das jedoch konkret bedeutete, davon hatte ich keine Vorstellung.

Sicher hätte ich mit dem Wissen von heute vieles an diesem Tag nicht so euphorisch aufgenommen, hätte vor allem bei den warmen Worten der Redner um einiges zynischer reagiert. Heute weiß ich, wie wenig ehrliche Unterstützung und Anerkennung oft hinter toll verpackten politischen Aussagen stecken. Gerade hier in Berlin. Ich empfehle, einmal den Berliner Koalitionsvertrag der rot-rot-grünen Regierung zu lesen. Die

Gewichtung des Themas Innere Sicherheit ist sinnbildlich: Sie steht im Koalitionsvertrag ziemlich weit hinten, vorher will Rot-Rot-Grün «den Tanz in Berlin stärken», wie unter dem Punkt «Kultur- und Medienmetropole Berlin» nachzulesen ist.

Die Diskrepanz zwischen Festtagsreden und tatsächlicher Wertschätzung zeigt sich zweifellos auch im Lohn. Zum ersten Mal bekomme ich eine Ahnung davon, als mein Schwager Basti mir am Tag der Vereidigung erzählt, er sei ziemlich entsetzt über die Besoldung bei der Berliner Polizei. Er selbst ist bei der Bundespolizei im mittleren Dienst. Und obwohl Tim im gehobenen Dienst arbeiten wird, verdient Basti mehrere hundert Euro mehr im Monat. Auch die Zuschläge für Wochenend- und Nachtarbeit betragen zum Teil mehr als das Dreifache. Berlin ist trotz besonderer Gefahrenlage bundesweit Schlusslicht bei der Bezahlung seiner Polizeibeamten. In Berlin leben über 3,5 Millionen Menschen unterschiedlichster Einstellung, Bildung, Religion, Ethnie, und das schafft viele Reibungspunkte, außerdem kommen tagtäglich viele tausend Touristen aus der ganzen Welt hinzu. Nicht zuletzt bedeutet auch der Status als Hauptstadt mit Regierungssitz eine viel stärkere Herausforderung für die Wahrung der Sicherheit, es wird mehr demonstriert, die Gruppen sind schnell größer als in anderen Städten.

Bei meinem Beruf ist das Gefährlichste der Arbeitsweg, außerdem arbeite ich nur halbtags (und damit 50 Stunden im Monat weniger als mein Mann), dennoch verdiene ich brutto mehr als Tim. Bezahlt werde ich übrigens in Anlehnung an den Tarifvertrag des öffentlichen Dienstes in Berlin, somit auch nicht gerade fürstlich. Die Besoldung spricht also kaum für Anerkennung der besonderen Umstände bei der Polizei, geschweige denn für eine Wertschätzung. Natürlich gibt es Vergünstigungen durch den Beamtenstatus, etwa dass Polizisten keine Sozialversicherungsabgaben zahlen müssen, aber das macht den Verdienst nicht wirklich attraktiver. Beamte des gehobenen Dienstes müssen sich privat krankenversichern, und bedenkt man die monatlichen Beiträge, die sich schnell auf mehrere hundert Euro belaufen, und rechnet die zusätzlichen privaten Ausgaben für eine bessere Ausrüstung hinzu, dann sind die vermeintlichen steuerlichen Vorteile schnell aufgezehrt.

An diesem Tag, dem Tag der Vereidigung, konnte jedoch nichts meine Freude und meinen Stolz mindern. Denn es war – und es ist – für mich etwas Besonderes, dass mein Mann Polizist ist. Niemals hätte ich Tim zu einem anderen Beruf geraten. Auch wenn ich in den letzten Jahren manchmal wünschte, er wäre kein Polizist geworden. Ich sehe den Beruf heute mit anderen Augen, reflektierter und kritischer. Ambivalenz hat ihren festen Platz in der Beziehung zu einem Polizisten.

«Pass auf dich auf!»

«Hat Ihnen das Ihr Mann noch gar nicht gesagt ...?!» Die Erzieherin steht wieder einmal vor mir und wundert sich. Ben sei vor zwei Tagen etwas Schweres auf den Zeh gefallen, und nun will sie von mir wissen, was daraus geworden ist. Sie ist merklich hin und her gerissen, ob sie es schlimmer findet, dass ich nichts von der Verletzung meines Kindes weiß oder dass mein Mann mir nichts davon erzählt hat.

Ich hasse diese Momente. Nein, natürlich hat mir mein Mann das noch nicht erzählt. Wann auch? Seit Tagen geben wir uns quasi nur noch die Klinke in die Hand. Seit acht Tagen arbeitet Tim nun durch. Heute können wir zusammen zu Abend essen, dann geht er in die Nachtschicht. Früh, spät, Nacht, früh, spät, Nacht – jeden Tag wechselt die Schicht und eine folgt der nächsten, mindestens zehn Stunden, regelmäßig sind es auch zwölf. Da bleibt keine Zeit für Erholung, da bleibt auch kaum Zeit für Familie, von Freunden ganz zu schweigen. Vor zwei Tagen hätte Tim eigentlich einen freien Tag gehabt, musste dann aber kurzfristig für einen erkrankten Kollegen einspringen. Gestern hatte er Spätschicht und sollte eigentlich um 20 Uhr Feierabend haben. Ich freute mich, noch ein, zwei Stunden mit ihm am Abend zusammen zu sein und gemeinsam ins Bett gehen zu können. Der Tod kam uns dazwischen, gewissermaßen: Nach einem Familienstreit war ein Mann tot zusammengebrochen – vermutlich ein Herzinfarkt –, und Tim und sein Kollege hatten abwechselnd die Zeit bei dem notdürftig zugedeckten Leichnam in der Wohnstube und den Angehörigen im Nebenraum verbracht, während sie auf den Bereitschaftsarzt warteten. Über eine Stunde.

Als Tim dann später als gedacht nach Hause kam, war ich bereits dabei, mich bettfertig zu machen. Er erzählte mir, was geschehen war. Die Geschichte ging mir ziemlich nah. Da verstirbt der Angehörige in einer so unguten Situation, und dann liegt er noch stundenlang im Nebenraum. Während mich die Gedanken daran auch noch im Bett beschäftigten, schlief Tim neben mir bereits. Völlig erschöpft, tief und fest. Wenigstens konnten wir zusammen ins Bett gehen.

Und jetzt stehe ich also der Erzieherin gegenüber und versuche, ihren vorwurfsvollen Blick und ihre Andeutungen über unsere scheinbar vorliegenden Kommunikationsprobleme zu ignorieren. Unmut über die Situation und Verärgerung über ihre Anmaßung machen sich breit, aber ich schiebe ihn beiseite. Ben war vielleicht etwas auf den Zeh gefallen, aber es kann im Nachhinein nicht wirklich schlimm gewesen sein. Das hätte ich bemerkt, auch ohne Hinweis von der Erzieherin oder Tim. Ich reagiere freundlich, verweise auf unsere berufliche Situation und dass Ben nicht ernsthaft verletzt sein kann, da ich es sonst sicher in den letzten Tagen bemerkt hätte. Touché, das scheint sie zu beeindrucken und verändert die Stimmung. Beim Umziehen frage ich Ben dennoch nach dem Vorfall und schaue mir den viel besprochenen Zeh vorsichtshalber an. Wie ich es mir schon dachte, es ist nichts. Nervig bleibt die Situation dennoch, denn es kam schon öfter vor, dass Tim und ich vergaßen, uns Dinge aus der Kita mitzuteilen. Und es wirkt so, als passiere uns das häufiger als anderen.

Da die Erzieherin mir mangels heimischer Kommunikation

alles noch einmal erzählen musste, dauert das Abholen ungeplant lang. Auch wenn ich es ungern tue, hetze ich Ben nun ein wenig beim Anziehen. Es kommt immer wieder vor, dass wir länger brauchen als gedacht und am Ende nicht rechtzeitig zu Hause sind, um gemeinsam essen zu können, weil Tim los muss. Diesmal schaffen wir es rechtzeitig, wenn auch gestresst.

Während Ben sich auf sein Spielzeug stürzt, erzähle ich vom Gespräch mit der Erzieherin. Nicht ohne einen gewissen Ärger auf Tim, weil er mir nichts davon erzählt und mich dadurch in diese unangenehme Situation gebracht hat. Er hatte es einfach vergessen, zumal Ben sich nicht über Schmerzen beklagte. Ich weiß, es gibt eigentlich keinen Grund, Tim Vorwürfe zu machen, Ärger schwelt dennoch in mir. Wir haben allerdings nur wenig Zeit füreinander, und die wollen wir nicht mit Streit über Kleinigkeiten verbringen. So sind wir uns schnell einig, das Thema zu beenden und andere wichtige Punkte anzusprechen. Wir tauschen uns aus über Ben, über unsere Arbeit, und endlich kommen wir auch einmal dazu, uns zu fragen, wie es uns eigentlich geht. Manchmal gibt es mehrere Tage hintereinander, an denen die Gespräche nicht über das Nötigste hinausgehen. Heute können wir glücklicherweise etwas ausführlicher sprechen.

Beim Essen plappert Ben munter darauflos und wir genießen die Familienzeit. Gleichzeitig geht mein Blick immer wieder zur Uhr an der Wand. Ich ertappe mich dabei, wie ich nachrechne: Noch soundso viele Minuten, dann muss Tim los. Ich schaue zu ihm und – keine Überraschung – auch er checkt regelmäßig die Uhr. Schließlich beenden wir das Essen, es bleibt noch ein bisschen Zeit zum Toben und Kuscheln mit Ben, dann packt Tim zusammen. Schnell ein Kuss zum Abschied von mir. «Pass auf dich auf!» Bei jedem Abschied sage ich das zu ihm. Bei jedem!

Und schon ist die gemeinsame Zeit wieder vorbei. Wenige Stunden am Tag, die wir versuchen besonders zu zelebrieren, oft genug aber genauso unbeachtet dem Alltag überlassen.

Heute fällt Ben der Abschied schwer. Ihm fehlt Papa. Wie immer, wenn die Sehnsucht groß ist, läuft er ins Schlafzimmer und kommt mit Papas Kopfkissen zurück. Und dann läuft dieser kleine Mensch den Rest des Abends mit Papas großem Kopfkissen durch die Wohnung, kuschelt sich aufs Sofa und riecht immer wieder daran. Schon als er noch so klein war, dass hinter dem Kissen gerade einmal seine kleinen Beinchen hervorguckten, wenn er es in die Stube trug, war das seine Lösung, um Papa etwas näher zu sein. Papa fehlt, und nicht nur ihm.

Wenn Tim Nachtschicht hat, schläft Ben in Papas Bett. Das ist eine wichtige Tradition für ihn. Nichts kann ihn davon abhalten. Bevor Ben mit seinem Bettzeug in Papas Bett einzieht, machen wir Tim das Gästebett bereit, sodass er am Morgen nur noch hineinfallen muss. Anschließend lese ich Ben vor und wir kuscheln ein bisschen, bis er schläft.

Wenn der Mann quasi pausenlos durcharbeitet, und das zu unregelmäßigen Zeiten, liegt die Organisation des Alltags fast vollkommen beim Partner. Ich habe einen fordernden Beruf, der mir viel abverlangt und den ich sehr schätze, ich will ihn also auch sehr gut machen. Ich muss konzentriert und gründlich arbeiten, viele Dinge gleichzeitig erledigen und Verantwortung – auch für andere – übernehmen. Da reicht oft schon der Arbeitstag allein, um geschafft zu sein. Zusätzlich hetze ich ständig durch die Stadt – und Berlin ist eine große Stadt, da fährt man schon einmal anderthalb Stunden von einem Ende zum anderen –, von zu Hause zur Kita, zur Arbeit, zurück zur Kita, zum Sport von Ben, zum Einkaufen und sonstigen notwendigen Erledigungen und dann wieder nach Hause – und das eigentlich nie ohne Zeitdruck. Zu Hause geht das Organisieren weiter, den Dienstplan von Tim immer griffbereit, um mögliche Unternehmungen daran auszurichten, am Ende aber vieles doch ganz allein zu machen.

Die Zeit, die meinem Mann zum Erholen und für uns als Familie fehlt, fehlt letztlich auch ein Stück weit für meine Erholung. Also sinke ich am Ende des Tages häufig erschöpft aufs Sofa und habe nur wenig Energie für Hobbys. Jedes Mal denke ich: Jetzt habe ich noch schön eine Stunde für mich. Ich mache Yoga, ich lese endlich mal wieder ein Buch, vor einiger Zeit habe ich Tai-Chi gelernt, das wäre doch jetzt perfekt! Und während ich das denke, sitze ich erledigt auf dem Sofa und, nun ja, denke es eben nur. Was könnte ich jetzt Sinnvolles tun, was müsste ich jetzt eigentlich tun – stattdessen lasse ich mich doch nur vom Fernseher berieseln. Und vom Smartphone. Ich lese im Internet Zeitung und gelegentlich chatte ich über WhatsApp. Manchmal passt es gerade und ich kann mich so ein wenig mit Tim austauschen. Ich mag es, wenn wir uns schreiben. Dann ist es ein bisschen wie früher, als wir noch Jugendliche waren und im Internet chatteten oder uns SMS schickten. Wir sind ganz bei uns, schreiben über Gott und die Welt, sind oft ausgesprochen lustig. Meist für nur wenige Sätze, dann bricht der Kontakt abrupt ab. Und dann sitze ich da, warte, ob doch noch ein «schreibt ...» in der Leiste erscheint. Aber in der Regel bleibt das Telefon stumm. Um mich von dem Gefühl des Alleinseins und dem Vermissen abzulenken, überfliege ich meine Kontakte: Mit wem könnte ich jetzt noch ein wenig schreiben? Ich mache das unbewusst, wie ein Reflex. Heute fällt es mir wieder auf und ich lege das Smartphone zur Seite. Und dann kommt wieder diese Leere. Sie ist mein ganz persönliches Problem, sicher können andere solche Momente gut und gewinnbringend füllen. Ich würde mich jetzt gerne unterhalten, kuscheln – ganz einfache Dinge, die Ruhe und Halt bieten nach einem langen, anstrengenden Tag. Aber ich sitze hier, allein in unserem Wohnzimmer mit nichts im Fernsehen. Und ich vermisse Tim. Es wäre gelogen, zu behaupten, wir würden, wäre er jetzt da, pausenlos angeregte Gespräche führen oder uns körperlich nah sein. Aber: Er wäre da. Auch wenn er nur neben mir auf dem Sofa sitzen und gemeinsam mit mir fernsehen würde.

Tatsächlich erlebe ich das viele Alleinsein als einen sehr krassen Einschnitt. Die Ungewissheit, wie es Tim geht, spukt eher unbewusst durch meine Gedanken und gibt dem Offensichtlichen – dem Verzicht, dem Vermissen, dem Die-Dinge-selbst-regeln-Müssen – einen faden Beigeschmack. Trotzdem mache ich mir Sorgen. Ausnahmslos. Wie sehr meine Sorge an diesem Abend gerechtfertigt sein würde, sollte ich am nächsten Morgen erfahren.

Der Morgen ist einer der stressigen Sorte, an denen ich irgendwie nicht richtig in die Gänge komme und Ben für drei Minuten Anziehen wieder eine halbe Stunde und einen Wutausbruch braucht. Normalerweise schläft Tim nach einer Nachtschicht erst einmal, heute aber geht er nicht ins Bett und hilft dem Kleinen beim Fertigmachen, während ich mich um alles andere kümmere. Erst als wir bereits angezogen im Flur stehen und ich Tim beim Abschied das erste Mal bewusst anschaue, fällt es mir auf: Er ist grün und blau im Gesicht. Ich bin entsetzt – und gleichzeitig voller Scham. Obwohl ich schon seit einer ganzen Zeit um ihn herumgewirbelt bin, sogar mit ihm gesprochen habe, sehe ich ihn erst jetzt richtig an. Er hat Hämatome und Kratzer im Gesicht und seine Körperhaltung zeigt: Er hat Schmerzen und wohl noch weitere Verletzungen.

Nach dem ersten lähmenden Schock stürze ich auf ihn zu und stelle tausend Fragen. Glaube ich zumindest, vielleicht denke ich sie auch nur. Ich bin erschrocken, besorgt und wütend zugleich. «Was ist passiert? Wie geht es dir? Wer hat das gemacht? Tut es sehr weh?» – «Alles gut so weit», will Tim mich beruhigen. «Sieht wahrscheinlich schlimmer aus, als es ist.» Ich nehme meinen Mann in den Arm und schlucke das Gefühlschaos herunter. Dann schaue ich zu Ben, wie geht es ihm? Er ist ganz ruhig. Jetzt weiß ich auch, warum er vorhin sofort gut mitmachte, als Papa auftauchte. Ich dachte, es lag einfach daran, dass Tim unbeteiligt und entspannt in die Situation kam. Unser Sohn ist eher ein ruhiges Kind, sehr aufmerksam, feinfühlig und nachdenklich. Neben den für sein Alter normalen impulsiven Reaktionen beobachtet er Situationen oft sehr genau, hinterfragt und durchdenkt sie. Häufig spricht er Erlebnisse erst nach Tagen oder gar Monaten an, wenn wir Erwachsenen sie schon vergessen haben und sie als verarbeitet wähnen. Ben ist mir da sehr ähnlich: Er grübelt und trägt vieles noch ewig mit sich herum.

Da ich an diesem Morgen im Stress bin und sehr froh über Tims Unterstützung war, hatte ich kein Ohr dafür, worüber er sich mit Ben unterhalten hat. Mag sein, dass sie während des Anziehens über Tims Zustand gesprochen haben. «Mensch, warum sagt ihr denn nichts?», frage ich die beiden. Ben zuckt still mit den Schultern, und ich kann aufgrund meines eigenen aufgeschreckten Zustands nicht wirklich einordnen, ob er selbst noch erschrocken ist oder mein Schreck ihn gerade beunruhigt. «Was ist überhaupt passiert und was tut alles weh? Wir sollten zum Arzt!», beschließe ich und nehme mein Smartphone, um bei der Arbeit Bescheid zu sagen, dass ich später kommen werde. «Lass mal, ich lege mich erst einmal hin und schlafe aus. Danach können wir gucken, wie es mir geht», bricht Tim meinen Impuls ab. «Sicher?» – «Sicher.» Damit ist das Thema Arzt erst einmal verschoben.

Ich nehme Tims Kopf vorsichtig zwischen die Hände, bewege ihn langsam ins Licht und wieder in den Schatten, beobachte dabei die Pupillenreaktion. Die ist normal, soweit ich das beurteilen kann. Was genau mir das über seine Gesundheit sagt, weiß ich nicht. Aber auch bei Ben mache ich das immer automatisch, wenn er sich beim Toben am Kopf gestoßen hat. Auch wenn es vermutlich keine wirkliche Aussagekraft hat, beruhigt es mich. Tim lächelt und lässt alles über sich ergehen, er kennt meine Macken. «Was ist denn nun passiert?», hake ich noch einmal nach, während ich vorsichtig über seine Verletzungen streiche. Er und eine Kollegin seien wegen eines Zechprellers gerufen worden, erzählt Tim. Der Mann war offensichtlich ziemlich betrunken und sehr aggressiv. Als sie die Situation klären wollten, ist der Herr handgreiflich geworden. «Wirklich, es ist so weit alles gut. Ich lege mich jetzt hin und schlafe erst einmal. Müsst ihr nicht los?», versucht Tim mich noch einmal zu beruhigen. Ja, natürlich hätten wir schon längst los gemusst. Aber mein Mann steht verletzt vor mir.

Bis zu diesem Zeitpunkt war Tim von der Arbeit schon mit einem blutunterlaufenen Finger nach Hause gekommen, mit blauen Flecken und Blutergüssen von Tritten und einer von Feuer angesengten Uniformhose. Und er war mehrmals angespuckt worden – was zunächst zwar eklig, aber harmlos klingt, jedoch schnell zur emotionalen Qual werden und schlimme Folgen mit sich bringen kann. Angespuckt zu werden ist unfassbar entwürdigend. Wird man ins Gesicht gespuckt – es gibt sogar Fälle, da wurde Polizisten direkt in den Mund gespuckt –, kann das ernsthafte Folgen haben. Durch Speichel werden Krankheiten übertragen. Im Gesicht gibt es viele Schleimhäute (Auge, Nase, Mund). und die Gefahr, dass Speichel auf diese gelangt, ist entsprechend höher als beim Rest des bekleideten Körpers. Über die Schleimhäute geraten Krankheitserreger in den Körper und eine Infektion kann stattfinden. Das bange Warten auf die ärztliche Entwarnung raubt einem den Schlaf. Nicht ohne Grund hat Tim inzwischen weit mehr als die Standardimpfungen durchführen lassen.

Und jetzt steht er wieder verletzt vor mir, schlimmer denn je. Und was macht man als Familie eines Polizisten? Man schluckt unangenehme Gefühle herunter und kehrt wieder zurück zum Alltag. Also schlucke ich, und es ist ein dicker Kloß, der da geschluckt werden will. Dann drücke ich Tim noch einmal kräftig. Die Blicke klären ein letztes Mal: «Sicher, nicht zum Arzt?» – «Wirklich nicht!» Ben und ich machen uns los.

Immer wieder greife ich bei der Arbeit zum Smartphone. Hat Tim geschrieben? Nein, er schläft vermutlich noch. Kurz darauf wieder ein Blick. Keine Nachricht. «Bitte melde dich, wenn etwas ist. Ich kann sofort kommen», schreibe ich, will das Smartphone weglegen und schreibe dann doch noch einmal: «Und sag mir, wie es dir geht, sobald du wach bist.» Ich versuche, mich auf die Arbeit zu konzentrieren. Trotzdem schwirren die Gedanken nur so durch meinen Kopf. Wie es Ben wohl geht? Was macht es mit ihm, wenn er seinen Papa verletzt sieht?

Gleichzeitig beschäftigt mich, wie ich die Verletzungen den ganzen Morgen nicht hatte bemerken können. Ich sage mir, dass es ganz normal ist, sich im Stress nicht immer genau anzuschauen. Dennoch bleibt der Beigeschmack von Scham.

Am Ende erweisen sich die Verletzungen Gott sei Dank nicht als allzu schlimm. Die Knie aufgeschlagen, die Stirn angeschlagen und verschrammt, ein blaues Auge. All das heilt. Was bleibt, sind die Sorgen und Ängste, die durch solche Ereignisse wiederbelebt und aufs Neue spürbar werden. Mit jedem Mal fressen sie sich tiefer in die Seele und manifestieren sich damit in meinem alltäglichen Denken und Fühlen. Eine besondere Herausforderung, nicht nur an dem entsprechenden Tag.

Als mir Tim am Nachmittag die ganze Geschichte zu den Verletzungen erzählt, geht sie mir durch Mark und Bein. Und sie wird mich sicher noch Jahre beschäftigen: Es kam wohl zu einem Gerangel zwischen dem Betrunkenen auf der einen und Tim und seiner Kollegin auf der anderen Seite. Sie verloren das Gleichgewicht, fielen und rollten ineinander verkeilt über die sechsspurige Hauptverkehrsstraße. Es war nachts, die Umgebung nur schwach beleuchtet. Ein Lkw kam näher, der Fahrer sah die drei dunkel gekleideten Menschen vermutlich nicht gleich und wich erst spät aus.

An dieser Stelle der Erzählung habe ich das Gefühl, dieser Lkw würde durch meinen Magen fahren. Tim muss zugeben, dass es lebensgefährlich war, und in meinem Kopf rasen die Was-wäre-wenn-Gedanken. «Warum kam denn keine Verstärkung?», frage ich etwas hilflos. «Wir kamen nicht dazu, welche anzufordern. Wir mussten runter von der Straße und den Kerl irgendwie gebändigt kriegen», erklärt Tim sachlich. «Aber ihr wart doch zu zweit», versuche ich es zu verstehen. «Du, das sagt nichts. Die entwickeln unter Adrenalin enorme Kräfte, und wenn dann auch noch Drogen oder Alkohol im Spiel sind, werden sie vollkommen unberechenbar.» Und es wurde noch schlimmer: Bei dem Gerangel hatte der Mann plötzlich versucht, Tim die Waffe aus dem Holster zu ziehen. Das veraltete Holster mit einfachster Sicherung hätte es ihm leichtgemacht, erzählt Tim, und er habe gerade noch so Schlimmeres verhindern können.

Nun explodieren in mir die Bilder, was alles hätte passieren können. Dieser Mann war so schon nicht zu bändigen, wäre er jetzt auch noch an die Waffe gekommen und hätte aus nächster Nähe schießen und damit ganz sicher treffen können ... Ich bin vollkommen erledigt.

Am Ende kam dann doch Verstärkung. Die nutzte das Überraschungsmoment, und zu viert konnten sie den Mann endlich festnehmen, jedoch nicht ohne selbst Verletzungen zu erleiden.

Diese Geschichte wird mich vermutlich auf ewig verfolgen. Das erste Mal vergisst man nie, leider auch nicht bei den schlimmen Dingen. Ich bin ein sehr empathischer und emotionaler Mensch. Meine Familie bedeutet mir alles, und jeden Schmerz fühle ich mit. Die Geschichte ging glimpflich aus. Aber Tim nun ins Gesicht zu sehen und zu wissen, dass es auch ganz anders hätte ausgehen können, fühlt sich in diesem Moment fast so schlimm an, als wäre es wirklich geschehen. Tim ist mein Zuhause. Wir waren noch so jung, als sich unsere Wege kreuzten. Mehr als die Hälfte meines Lebens sind wir nun zusammen, erlebten Tausende wundervolle Tage und einige Dramen. Aber es waren immer «wir». Ich bin dankbar, dass wir so verwoben sind. Ich bin dankbar, dass unsere Liebe so sicher wie unser Herzschlag ist – und auch so wichtig. Auch wenn viele Gefahren und Ängste inzwischen Alltag sind, mich mal mehr, mal weniger beschäftigen – ich bin jedes Mal wieder froh, wenn Tim gesund nach Hause kommt.

Noch habe ich mein eigenes Gefühlschaos nicht geordnet, da erwartet uns die nächste Herausforderung. «Was sagen wir Ben?», frage ich und grübele über verschiedene Möglichkeiten. Dass wir es erklären, steht für mich außer Frage. Aber das Maß zwischen Ehrlichkeit und Beschützen ist nicht leicht zu finden. Bin ich doch selber ganz hin und her gerissen zwischen: «Oh mein Gott!» und: «Komm runter, war doch alles letztlich nicht so schlimm.» Auf dem Weg zur Kita hatte ich schon kurz mit Ben gesprochen, dass ich jetzt gerade etwas durcheinander sei, aber wenn Papa sage, dass alles gut sei so weit, würde ich ihm glauben. Dann waren wir ungewöhnlich still.

Als würde Tim mein Gefühls- und Gedankenchaos hören, lächelt er lieb und erzählt: «Ben hat heute Morgen schon ganz viele Fragen gestellt und ich habe ihm ein bisschen von dem Einsatz erzählt. Dass ein Mann anderen Angst gemacht hat und wir helfen wollten. Da er aber so stark betrunken war, wurde er gleich böse und fing an, sich mit uns zu hauen. Und dass ich dann mit dem Funkgerät meine Kollegen gerufen habe, die uns beim Festnehmen geholfen haben. Ich habe also nicht alles erzählt, das hätte er gar nicht verarbeiten können. Und ich denke, das muss er auch gar nicht so genau wissen.» Ich nicke und frage: «Wie ging es ihm damit?» Ben habe ganz gebannt auf die Wunden geschaut und gefragt, ob es sehr weh tue, berichtet Tim. Und er habe gesagt, wie froh er sei, dass Tim immer sein Funkgerät bei sich trage.

Wir beschließen, Ben zu sagen, dass er jederzeit nachfragen könne, wenn ihn noch etwas beschäftigen sollte. Schließlich ist es nicht nur die Verletzung, mit der sein Papa nach Hause kam, die er verarbeiten muss, sondern auch meine entsetzte Reaktion.

Die nächste Frage war dann, was Tim wegen des Holsters unternimmt. «Was soll ich schon machen?», fragte er. «Die Dinger sind älter als ich und das Problem in der Behörde bekannt. Es gibt eine neuere, sicherere Variante, die ist aber nicht vorrätig. Wenn also keine neuen angeschafft werden, müssen wir damit leben – oder überleben …», fügt er nach einer kurzen Pause zynisch hinzu. Befreundete Kollegen haben sich auf eine Warteliste für die neueren Holster setzen lassen. Andere wiederum hätten sich entschieden, sich von ihrem eigenen Geld ein sicheres Holster anzuschaffen. Das schützt sie zwar im Berufsalltag, aber sie riskieren damit unter Umständen ein Disziplinarverfahren, weil nicht alle Modelle für Berlin zugelassen sind.

Diesen Abend verbringen wir ganz bewusst miteinander, kuscheln uns auf dem Sofa zu einem Familienknoten und geben uns Halt. Ben war wichtig, dass der böse Mann nun gefasst ist, damit schien es so weit okay für ihn. Er ist noch sehr jung, sodass er hoffentlich den Schrecken irgendwann vergisst. Aber irgendetwas sagt mir: Es wird für uns beide ein sehr einschneidendes Erlebnis bleiben.

The show must go on

Am nächsten Morgen zur Frühschicht steht Tim wieder auf dem Abschnitt. Er arbeitet nun bereits den neunten Tag in Folge, ist gesundheitlich angeschlagen, und niemand weiß, wie er mit dem Geschehenen umgehen wird – er selbst vermutlich auch nicht. Diese Schicht wird knapp zwölf Stunden dauern. Für ein gemeinsames Abendessen kommt er zu spät, aber ich hoffe, wir werden Ben zusammen ins Bett bringen können. Ich habe einen anstrengenden Arbeitstag hinter mir, musste Überstunden machen und stand am späten Nachmittag kurz vor knapp in der Kita, um den Kleinen abzuholen. Auf dem Heimweg müssen wir noch schnell einige Dinge besorgen, Ben und ich sind beide k. o., die Laune ist entsprechend schlecht. Daher gehen wir uns gehörig auf die Nerven und zu Hause nach einem Streit auch erst einmal aus dem Weg. Ben baut LEGO, ich koche und arbeite nebenbei. Mein Griff geht zum Kartoffeltopf. Es ist ein wunderschöner großer Topf aus Ton, den ich vor vielen Jahren von meinen Eltern geschenkt bekommen habe. Seitdem hüte ich ihn wie einen kleinen Schatz. Umso größer war das Drama, als mir der Deckel an einem Abend einmal herunterfiel und in zwei Teile zerbrach. Noch immer erinnere ich mich voller Liebe an den nächsten Morgen zurück, als der Deckel sehr akribisch geklebt auf der Küchenanrichte lag und der Riss kaum noch zu erkennen war. Tim hatte den Deckel geklebt, als er in der Nacht nach Hause kam und ich schon schlief.

Ich fahre den Riss vorsichtig mit der Fingerspitze nach und vermisse Tim.

Kurz darauf beim Abendessen fangen Ben und ich endlich wieder an, miteinander zu reden. Als es danach zum Zähneputzen und Umziehen gehen soll, ist der Ärger aber wieder groß. Vermutlich steckt uns beiden auch noch der gestrige Schreck in den Knochen. Ich zumindest habe die Nacht kaum geschlafen und war dementsprechend noch zusätzlich angespannt. Da steht endlich Tim in der Tür. Ich schlucke, als ich sein Gesicht sehe, und sende das mieseste Karma an den Typen, der ihn so zugerichtet hat. Noch einmal runterschlucken. Hilft nichts.

Leider kommt mit Tim auch keine wirklich bessere Stimmung ins Haus, aber wir bemühen uns, wenigstens eine schöne Zubettgehstimmung zu schaffen. Quasi im Vorbeigehen wechseln wir ein paar Worte: «Du siehst mies aus, wie geht's dir?», frage ich besorgt und schaffe es nicht, den mitschwingenden Vorwurf zu unterdrücken, weil er trotz der Verletzungen gleich wieder zur Arbeit gegangen ist. Nach den vielen Tagen am Stück und dann noch mit den Verletzungen hatte ich erwartet, dass er sich zumindest mal einen Tag Ruhe gönnt und sich krankmeldet. Gleichzeitig weiß ich aber, dass ich ihm nur schwer einen Vorwurf machen kann. Die Personallage auf dem Abschnitt ist angespannt und Tim ist sehr pflichtbewusst. Und ich sollte gar nicht vorwurfsvoll sein, da auch ich meine Gesundheit immer mal wieder der Arbeit unterordne. Es gehe ihm so weit gut, die angeschlagenen Knie hätten enorm genervt und er habe einen miesen Einsatz gehabt, antwortet Tim. Ich blicke ihn fragend an. «Willst du nicht wissen», sagt er. Damit ist das Thema beendet.

Ziemlich früh schon – Tim befand sich noch im Studium – habe ich erfahren müssen, dass ich nicht alles wissen wollte, was er so im Berufsalltag erlebt. Von vornherein war mir klar: Ich will nichts über Fälle hören mit Kindern, nichts über Vergewaltigungen. Zu Beginn empfand ich bei manchen Fällen noch eine gewisse morbide Faszination, aber ich musste sehr schnell lernen: Was ich im Fernsehen gut ertrage, weil es fiktiv ist, belastet mich im wahren Leben zu stark. Tim erzählte mir damals von einem spektakulären Gewaltverbrechen, das sie in der Vorlesung behandelt hätten. Welche furchtbaren Bilder sie angeschaut hätten. Er erzählte es sichtlich bewegt. Und sehr plastisch. Mich beschäftigte das Geschilderte tagelang, noch heute fährt es mir in den Magen, wenn ich daran zurückdenke. Nachdem ich nochmals ähnlich litt, als er erzählt hatte, wie sie der Bundespolizei halfen, Reste eines Menschen zusammenzusuchen, der sich vor einen Zug geworfen hatte, bat ich ihn, mir in Zukunft nicht mehr von solchen Dingen zu erzählen. Vor allem nicht so detailliert. Dass es einen grausamen Mord oder einen Selbstmord gab, reicht mir heute als Information.

Wir reden also nicht über alles, was Tim im Dienst erlebt. Zum einen, weil ich klar das Feld abgesteckt habe, was ich nicht hören will, nicht ertragen kann. Zum anderen, weil er den Mist nicht mit nach Hause nehmen will, wie er sagt. So kann ich meist nur an seiner Stimmung oder an dem sehr spärlichen Bericht über seinen Tag ablesen, dass es ein schlimmer Dienst gewesen sein muss. Oberflächlich betrachtet könnte man meinen, Tim stecke alles ziemlich locker weg. Wir kennen uns nun aber bereits fast zwei Jahrzehnte, und ich sehe, wie ihn der Polizeialltag verändert. Stück für Stück, nachhaltig. Er ist ruhiger und zurückgezogener, emotional verschlossener. Sein

Witz weicht immer häufiger Zynismus. Manchmal wünschte ich, er wäre glücklicher. Was Blödsinn ist, da er nicht unglücklich ist. Aber manchmal fühlt sich seine zum Teil grimmige und verschlossene Art von außen wie Unglück an.

Ich verdränge also meine Neugier und nehme Tims ausweichende Antwort hin. Ben ruft nach uns. Ich versuche, mich wieder in eine gute Zubettgehstimmung zu versetzen, und gehe zu ihm. Ben möchte in unserem Bett einschlafen. Während ich alles vorbereite, kommt Tim dazu und sagt, ich könne mich gerne ausruhen, er würde Ben noch etwas vorlesen und dann mit ihm einschlafen. Wenn dein Mann aussieht wie ein Teller bunte Knete, stellst du das eigene Bedürfnis, noch Zeit mit ihm verbringen zu wollen, hintenan. Außerdem müsste ich eh noch an den Schreibtisch. Am nächsten Tag hat Tim keinen Dienst, da ich aufgrund eines wichtigen Termins bis spät bei der Arbeit eingebunden sein werde und Ben weder bringen noch abholen könnte. Mal ganz abgesehen davon, ist es nun, nach neun Tagen Durcharbeiten, auch endlich einmal Zeit für einen freien Tag.

Ich bin müde, aber noch immer aufgewühlt von den Ereignissen der letzten beiden Tage. Ich klappe das Notebook auf. Ich klappe das Notebook wieder zu. Heute mache ich nichts mehr. Leise schleiche ich mich zu meinen Jungs und lege mich neben sie.

Kurz vor dem Einschlafen fällt mir ein, dass Tim furchtbar aussieht und morgen so in der Kita erscheinen wird, dazu noch zweimal. Irgendwie schäme ich mich deswegen. Außer der Erzieherin wissen nur unsere Bekannten und Freunde in der Kita, was Tim beruflich macht. So wird sein Auftritt mit zerschundenem Gesicht vermutlich mindestens Verwunderung ernten. Ich versuche, nicht weiter daran zu denken, und falle bald darauf in einen unruhigen Schlaf.

Am nächsten Tag komme ich gerade noch so nach Hause, dass ich Ben mit ins Bett bringen kann. Danach bleibt nur wenig Zeit, sich zu erzählen, wie unser Tag war. Als wir dann später kurz vor dem Einschlafen sind, schießt mir noch die Frage durch den Kopf, ob die Erzieherin heute etwas Wichtiges erzählt hat. Ich frage, aber Tim schläft bereits. Morgen wird hier wieder unser Sohn schlafen.

So zieht sich unser Leben weiter fort: Tims Verletzungen heilen, meine Gedanken drehen sich weniger und weniger um die Lebensgefahr, in der er sich befunden hat, und als seine Wunden nicht mehr zu sehen sind, verschwindet die beklemmende Sorge um Tim wieder in den Tiefen meiner Seele.

Routine und Sorge

Draußen wird es wärmer, und damit beginnt die Hochsaison für Demonstrationen. Da Tim in der Alarmhundertschaft (AHu) ist, kann er auch zu Hundertschaftseinsätzen abberufen werden, also zu denen, die in Vollmontur unter anderem Demonstrationen und Fußballspiele begleiten oder für Sicherheit bei Staatsbesuchen sorgen. Die AHu speist sich hauptsächlich aus jungen Kollegen der Abschnitte. Da nun aber vor zehn Jahren mehrere Jahre lang nicht eingestellt wurde, kann man sich leicht ausrechnen, dass die Altersgruppe der 20- bis 40-Jährigen sehr geschrumpft ist. Gleichzeitig wird wegen der geringen Anzahl der normalen Hundertschaften und der häufigeren Großeinsätze immer öfter die AHu als Unterstützung benötigt – mit der Folge, dass die wenigen zugehörigen Polizisten, die der jungen Altersgruppe angehören und damit voll schicht- und einsatztauglich sind, immer mehr Einsätze übernehmen müssen.

Für uns – und für viele andere junge Familien – bedeutet das, dass zu den eh schon häufigen Dienstantritten und 10- beziehungsweise 12-Stunden-Schichten in eigentlich freien Zeiten auch noch kurzfristig Einsätze hinzukommen können. Einsatzdauer und Verpflegung oftmals ungewiss. Mit allen Konsequenzen für die Polizisten und uns Angehörige.

Im besten Falle wissen wir von den Einsätzen schon ein paar Wochen vorher. Manchmal ist aber bis zum Schluss noch nicht wirklich klar, wann es genau losgeht und wie lange es dauern wird. Es gab auch schon Fälle, da wurde Tim erst kurz vorher darüber informiert, dass er überhaupt einen Einsatz in der AHu haben wird.

Gemeinsame Wochenenden sind an sich schon selten. Über nur einen gemeinsam verbrachten Samstag oder Sonntag im Monat freuen wir uns schon, ein Wunder, wenn es mal ein komplettes Wochenende klappt. Durch die häufigen AHu-Einsätze (Demonstrationen finden nur selten unter der Woche statt) werden diese gemeinsamen freien Tage nun noch seltener. Dadurch muss er immer wieder geplante Vorhaben absagen: Geburtstage, die Tim nicht mitfeiern kann, Familientreffen oder Zeit mit Freunden, die er nicht miterleben kann. Zeit für Erholung, Zeit für uns als Familie – das alles fällt immer häufiger aus. Die lang ersehnte Fahrradtour, auf die Ben sich seit Wochen freute, haben wir am Ende auch wieder nur zu zweit gemacht.

Nun ist bald der 1. Mai. Ich hasse den 1. Mai. Und es geht nicht nur mir so. In Gesprächen und auch in den sozialen Medien zeigt sich immer wieder die große Sorge der Angehörigen an diesem Tag. So schreibt eine Frau, deren Mann und Bruder seit über 40 Jahren bei der Berliner Polizei sind, über Facebook von «40 Mal Jahr für Jahr Bangen. Wie wird es ausgehen, kommt mein Mann heil nach Hause?» und berichtet unter anderem von Steinplatten, die von Dächern auf die Polizisten geworfen wurden. Wir selbst haben Glück, dass die AHu an diesem Tag nicht in der ersten Reihe steht, was aber nichts heißen muss. Jedes Jahr wieder bekomme ich Bauchschmerzen, wenn der Tag näher rückt. Egal, welche Aufgabe Tim an diesem Tag übertragen bekommt – und wir können sicher davon ausgehen, dass er am 1. Mai arbeiten muss –, ich schnappe mir unseren Kleinen und unternehme etwas, fahre raus aus Berlin, weg von den Nachrichten, weg von den Massen.

Dieser Tag, an dem ich mich bewusst der Stadt entziehe, um vor den Sorgen zu fliehen, ist eigentlich immer genau der Tag, an dem sie mich übermannen. Bisher endeten andere Tage gefährlicher als dieser, aber der 1. Mai ist es, der mir den Schlaf raubt. Ich habe lange über diese Diskrepanz nachgedacht. Vielleicht liegt es daran, dass es der einzige Tag ist, an dem ich mir erlaube, mich öffentlich zu sorgen. Das ganze Jahr über, jeden Tag wenn Tim im Dienst ist, gibt es die reelle Gefahr, dass ihm etwas zustößt. Die besteht natürlich für alle Menschen, aber die Wahrscheinlichkeit ist in seinem Beruf weitaus größer als zum Beispiel in meinem.

Aus zwei Gründen bemühe ich mich, meine Sorgen nicht zu zeigen: Zum einen soll Ben möglichst unbeschwert aufwachsen, und ich möchte mein Umfeld nicht ständig mit meinen Sorgen belasten, nicht nerven. Zum anderen würde ich auf Dauer zerbrechen, würde ich dieser Angst mehr Raum geben, als sie sich in jedem «Pass auf dich auf!» zum Abschied ausdrückt, in dem kurzen Bangen, wenn Tim nicht pünktlich nach Hause kommt, und dem Durchatmen, wenn er wieder heil vor mir steht. Freunde, Familie und Bekannte haben für meine Sorgen meist großes Verständnis, sind empathisch und stehen mir und uns bei. Aber sie wissen dennoch nicht, wie es sich anfühlt, die Frau eines Polizisten zu sein. Obwohl ein Teil von ihnen sogar selbst Angst um Tim empfindet, denn schließlich sind sie seine (Schwieger-)Eltern, seine Geschwister, seine Freunde, wissen sie doch nicht, wie es sich für mich anfühlt, als seine Frau, als Mutter des gemeinsamen Kindes.

Am 1. Mai aber muss ich nichts erklären, muss ich keine Bilder schaffen, die meine Gefühlswelt für mein Umfeld verständlicher machen. Der 1. Mai reicht als geflügeltes Wort, weil alle die

Bilder kennen, weil alle wissen, was in Städten wie Berlin und Hamburg vor sich gehen kann. Am 1. Mai sind unsere Freunde, Familie und ich mit unserer Sorge so nah beieinander wie sonst selten. Wenn ich vor der Welt an diesem Tag fliehe, wissen sie alle: Es ist der 1. Mai und Tim da irgendwo im Hexenkessel.

Ben und ich verlassen die Stadt und verbringen den Tag im Garten meiner Eltern. Wir werden herzlich empfangen und emotional gestützt, ich muss meine Sorgen gar nicht erst benennen oder erklären, denn die Gedanken aller sind bei Tim. Dennoch erleben wir einen sehr schönen Tag bei bestem Wetter, wir spielen und lachen miteinander und können die Sorgen zeitweise gut vergessen. Wie immer habe ich das Internet im Smartphone aus, um mich nicht von den Meldungen in den Medien verunsichern zu lassen. Und trotzdem nehme ich das Telefon regelmäßig in die Hand und überlege, ob ich nicht doch einen Blick riskiere. Nein! Irgendwann lege ich es endgültig zur Seite und konzentriere mich ganz auf den Tag mit der Familie.

Tim und ich haben abgemacht, dass er mir eine SMS schickt, wenn der Einsatz vorbei und alles gut ist. Erst dann gehe ich wieder online oder schaue die Nachrichten.

An diesem 1. Mai kommen Ben und ich erst am späten Abend wieder nach Hause, und noch immer habe ich keine Nachricht von Tim. Schon während der Heimfahrt bin ich zunehmend beunruhigt. Da Ben völlig erledigt von dem tollen Tag an der frischen Luft ruck, zuck in seinem Kindersitz eingeschlafen ist, habe ich eine Stunde allein mit mir und meinen Gedanken. Nur meine Playlist – heute bewusst mit Liedern, die man unvermeidlich mitsingen muss – und der Verkehr bieten Ablenkung.

Mit dem schlafenden Ben auf dem Arm schließe ich später die Haustür auf. Alles dunkel. Tim ist seit über zwölf Stunden aus dem Haus. Da sich mein Smartphone nun automatisch ins heimische WLAN einwählt, läutet es mehrmals und macht mich neugierig. Ich lege Ben in sein Bett, ziehe ihm Schuhe, Jacke und Jeans aus. Ihn weckt heute nichts mehr, er atmet ruhig und gleichmäßig, während ich ihn zudecke und ihm einen Gutenachtkuss auf die Stirn gebe. Danach schaffe ich es noch, so lange der Neugier zu widerstehen, bis ich mich selbst bettfertig gemacht habe. Noch kurz setze ich mich auf die Couch und nehme nun endlich mein Telefon zu Hand. 14 WhatsApp-Nachrichten. Einige sind von Freunden, die mich fragen, was ich so treibe und/oder wo Tim gerade steckt. Mehrere Nachrichten in unserem Familienchat mit Basti und Sina. Basti hat im Laufe des Tages ein Bild seines Einsatzes geschickt (auch er als Bundespolizist muss an Brennpunkten unterstützen) und sich nach Tim erkundigt. Beide haben sich sogar ein paarmal hin und her geschrieben. Alles gut also, schlussfolgere ich. Und jetzt sehe ich es: Tim hat mir schon vor einiger Zeit geschrieben, dass der Einsatz beendet ist und sie bald abrücken werden. Es gehe ihm gut, keine wirklich nennenswerten Vorkommnisse. Ich bin erleichtert. Sehr sogar. Ich antworte, dass wir seit kurzem zu Hause sind, der Kleine völlig erschöpft eingeschlafen ist und ich noch auf ihn warte. «Wo ist meine SMS ;)?», frage ich noch.

Als Tim etwas später endlich zu Hause ist, entschuldigt er sich: Er habe einfach nicht daran gedacht, dass ich nicht online sei. Nicht schlimm, beruhige ich ihn. Zwar habe ich mir dadurch mehr Sorgen gemacht. Aber: Wir gehen gemeinsam ins Bett – und nichts anderes zählt heute noch.

Laut Medienberichten war der 1. Mai bis auf wenige gewalttätige Ausschreitungen grundsätzlich entspannt. Tim hatte eine Festnahme, ansonsten stand er an Absperrgittern herum.

Einige Freunde und Bekannte melden sich und auch Kollegen fragen nach, wie Tims Einsatz verlaufen ist. Gesten, die ich sehr schätze und für die ich wirklich dankbar bin.

Da aber nichts geschehen ist, hake ich den Tag schnell ab und wechsele wieder in den Alltagsmodus.

Einige Tage später lese ich einen Artikel eines anderen Polizisten, der eine Situation vor einigen Jahren beschreibt, die mir durch Mark und Bein geht. Schon während der Eilfahrt zur Demo hatte er ständig Hilferufe über Funk im Ohr: «Ich brauch hier dringend Unterstützung, die versuchen, meine Karre mit 'ner Axt aufzumachen!» Irgendwie versuchten sie, der Situation Herr zu werden; ein Kollege stützt einen anderen, der nicht mehr laufen kann, ein anderer ist blutüberströmt, da er von mehreren gleichzeitig angegriffen, ihm der Helm vom Kopf gerissen und er mit Pflastersteinen beworfen wurde.[*]

Im ersten Moment erdet mich das überraschenderweise. Ich denke mir: Was machst du dir eigentlich für einen Kopf? In so einer Situation hat sich Tim bei Demonstrationen noch nie befunden – und er wird es hoffentlich nie tun! Und dann kommt es doch wieder, das «... aber es könnte so kommen».

Ich bin froh, dass wir in Zeiten leben, in denen es zwar kräftig brodelt, aber verhältnismäßig wenig passiert. In denen bereits von gewalttätigen Ausschreitungen die Rede ist, wenn bei Demos Flaschen geworfen werden. Es wurde Zeit, dass hier auch das Wohl von Polizisten gleichwertig angesehen wird und Fälle von Angriffen und Verletzungen nicht unbenannt oder als Randnotiz enden. Aber gerade weil es gesellschaftlich zu

---

[*] https://darksightberlin.wordpress.com/2017/05/03/gewalttaetige-ausschreitungen/

brodeln scheint, kann die relative Ruhe natürlich auch wieder kippen.

Der Einsatz bei Demonstrationen macht für Tim als Streifenpolizist nur einen geringen Teil seiner Arbeit aus. Die Alltagsgefahr im Dienst, die stets mögliche Eskalation einer Routinesituation, die psychische Belastung und damit die ständige diffuse Angst bleiben. Da kann das Aufeinandertreffen mit einem betrunkenen Mann dazu führen, dass mein Mann fast von einem Lkw überrollt wird. Da kann ein Mordverdächtiger bei seiner Flucht zwei unbeteiligte Polizisten mit dem Auto erfassen und töten (wie in Brandenburg Ende März 2017), da kann einem Polizisten bei einer Rangelei die Waffe entwendet und kurz darauf der Kollegin in den Kopf geschossen werden (wie in München Mitte Juni 2017). Von der andauernden seelischen Hochleistung, die Polizisten zum Teil leisten müssen, ganz zu schweigen.

Ich erinnere mich z. B. an den Tag, an dem Tim zu einem schweren Verkehrsunfall gerufen wurde: Ein Auto war mit hohem Tempo an einen Baum gefahren. Die Polizei war neben Ersthelfern als Erste am Unfallort. Eine Person war im Auto bereits verstorben, eine weitere schwer verletzt. Diese Person saß noch eingeklemmt hinten rechts im Fahrzeug. Es war nachts und der Pkw hatte sich frontal um den Baum gewickelt. Also kletterte Tim mühsam durch die Fahrertür in den zerstörten Wagen, um dem Verletzten zu helfen. Da schaute er plötzlich in tote Augen: Durch den Aufprall hatte sich der Baum auf Höhe des Beifahrersitzes geschoben und den Beifahrer so stark zermalmt, dass dieser bisher noch von niemandem entdeckt worden war. Also versuchte Tim, dem Schwerverletzten auf der Rückbank zu helfen, während er neben einem entstellten Toten hockte.

Mein Mann baut sich für solche Situationen einen Schutzpanzer auf, hat sich eine professionelle Distanz erarbeitet. Wer sich jedoch stets emotional zurücknimmt, um sich zu schützen, verändert sich dadurch über die Jahre auch als Mensch. Auch manche seiner Strategien, abzuschalten, sind für uns als Familie nicht immer die besten. So versinkt er immer wieder über längere Zeit in sein Smartphone. Dann ist er nicht mehr Teil seiner Umwelt, und wir müssen ihn schon einmal daran erinnern, dass wir auch noch da sind. Es ist nicht immer leicht, das zu akzeptieren oder nicht persönlich zu nehmen.

In verschiedenen Studien ist festgestellt worden, dass bei Polizisten ein erhöhtes Risiko für Substanzmissbrauch besteht. Das habe ich im Hinterkopf, wenn ich aufmerksam beobachte, wie oft und wie lange Tim das Smartphone benutzt. Es ist sein Weg, mal den Kopf auszuschalten, von allem loszukommen. Das ist okay. Wichtig ist nur, nicht das Maß und die Selbstregulierung zu verlieren. Wir werden sehen, wie es damit weitergeht.

Dass an der mangelnden Zeit miteinander und den Wesensveränderungen oder gar Suchterkrankungen, an denen manche Polizisten leiden, auch Familien zerbrechen, ist nachvollziehbar. Soweit ich es recherchieren konnte, gibt es zur Scheidungs-, aber auch Suizidrate bei Polizisten keine verlässlichen Erhebungen für Berlin. Dennoch herrscht allgemein der Konsens, dass die Raten über dem Durchschnitt liegen. Auch wir haben schon einige Beziehungen von Polizisten in unserem Umfeld scheitern sehen. Viele haben Schwierigkeiten, überhaupt erst Partner zu finden, die die beruflichen Begleiterscheinungen auf Dauer mitmachen. Oft ist der Alltag so zermürbend, dass viele Ehen und Beziehungen nur noch gerade so zu halten scheinen. Unsere nehme ich da an manchen Tagen nicht aus.

Auch Selbstmord haben wir in unserem Bekanntenkreis schon erleben müssen. Die Entscheidung dazu lässt sich sicherlich nicht allein am Beruf festmachen. Aber es verwundert auch nicht. Immer wieder hört man, die berufliche Belastung sei gestiegen und Polizisten gerieten immer häufiger in Ausnahmesituationen. Viele der belastenden Situationen können tiefe Spuren in der Seele hinterlassen. Ganz normale Gefühle wie Angst, Kränkung und Überforderung werden aber nicht offen thematisiert. Vermutlich passt es nicht ins Rollenbild. In einer Institution, in der es darum geht, stets Stärke und Haltung zu zeigen, die dazu auch noch stark hierarchisch und noch immer männerdominiert ist – wer gibt da Überlastung und Kummer schon gerne zu?

Der schwere Autounfall hat meinen Mann sehr belastet. Noch immer, mittlerweile Jahre später, trägt er ihn mit sich herum. Auch seinem Sohn seine Verletzungen erklären zu müssen sitzt tief. Wenn er darüber redet, dann redet er sachlich, und würde ich ihn nicht so gut kennen, könnte ich meinen, es seien normale Erinnerungen. Ich sehe ihm jedoch an, dass sich etwas ändert, wenn er daran zurückdenkt. Sein Blick wird anders, er redet schneller, erzählt ausführlicher und bildhafter. Es scheint, als würde er diese Situationen immer wieder plastisch vor Augen haben, sie noch einmal durchleben. Er hat schon Schlimmeres erlebt, Ekligeres gesehen, vieles davon weiß ich zum Glück nicht. Aber diese Ereignisse brannten sich offensichtlich ein. Die Seele ist nicht berechenbar. Man kann nie wissen, was hängenbleibt und wie sehr es dann in einem wütet.

Zynismus als Hilfe

An einem ruhigen Abend, wir sitzen kuschelnd auf der Couch und schauen eine Serie, klingelt Tims Telefon. Er geht gut gelaunt dran, doch die Stimmung kippt schnell, und er verlässt das Wohnzimmer. Es dauert eine ganze Zeit, bis er wieder zurückkommt. Sichtlich zerknirscht setzt er sich wieder neben mich. «Das war Anna. Sie hat sich im Dienst verletzt.»

Anna ist seit vielen Jahren eine enge Freundin von Tim, ebenfalls Polizistin in Berlin. Leichte Verletzungen sind in diesem Beruf leider Alltag, sind – wenn überhaupt – nur nebenbei eine Erwähnung wert. Ein längeres Telefonat deswegen muss Schlimmeres bedeuten. Und wirklich, Anna befand sich in einer gefährlichen Situation: Bei einer Routinekontrolle wird eine Frau plötzlich aggressiv und greift Anna aus heiterem Himmel an. Dabei fällt Anna so unglücklich, dass sie sich an mehreren Körperstellen zum Teil stärker verletzt. Trotzdem müssen Anna und ihr Kollege die völlig ausrastende Frau irgendwie versuchen zu bändigen und finden keine Möglichkeit, nach Unterstützung zu rufen, weil sie keine Hand dafür frei haben. Es ist pures Glück, dass nach einiger Zeit eine andere Streife vorbeikommt und die Kollegen sofort helfen können. Mit Unterstützung kann die schreiende und um sich schlagende und tretende Frau endlich überwältigt und festgenommen werden. Als die Situation entschärft ist, erkennt einer der hinzugekommenen Kollegen die Frau: Sie habe schon öfter versucht, von Polizisten tödlich verletzt zu werden. «Suicide by cop» nennt man dieses Phänomen, das aus den USA bekannt ist. Es bedeute, dass Menschen Polizisten gezielt in Gefahr bringen, um von ihnen erschossen zu werden, erklärt mir Tim. Ein Albtraum, denke ich und verstehe, warum der Vorfall Anna und Tim beschäftigt. Wieder einer dieser «Fast»-Momente, wo nur wenige Sekunden darüber entscheiden, ob diese Situation glimpflich ausgeht. Jemanden zu erschießen, auch wenn er es provoziert hat, jemandem das Leben zu nehmen, ich kann – und möchte – mir gar nicht vorstellen, was das mit einem macht.

Oft ist die Lebensgefahr von Polizisten ein Thema, eher selten wird aber bedacht, wie Polizisten damit umgehen sollen, wenn sie selbst ein Leben beenden. Tim sagte mal ganz zu Beginn seiner Arbeit, dass er nach 40 Jahren in Pension gehen will, ohne dass er auch nur ein Mal seine Waffe habe ziehen müssen. Dieser Wunsch ist von der Realität zerstört worden. Ich hoffe nur inständig, dass es nie mehr passiert. Allein dass Tim mal nachts einen angefahrenen Fuchs, der nicht mehr laufen konnte und offensichtlich unter enormen Schmerzen litt, erlösen musste, war schon nicht leicht für ihn.

Nach wenigen Tagen ist Annas Erlebnis mit der Frau verarbeitet. Auch ihre Verletzungen werden gut verheilen. Sie ist taff, begegnet dem Stress und den furchtbaren Seiten des Berufes mit harten Worten und bitterschwarzem Humor. Ich schätze Anna sehr, um ihrer selbst willen, aber vor allem, da sie Tim in vielen Dingen eine Stütze ist, wo ich es nicht kann oder nicht will, weil ich dafür zu emotional und zu empathisch bin.

Dennoch erkenne ich in ihrem Verhalten, und zunehmend auch dem von Tim, Parallelen zu dem vieler anderer Polizisten, auffälliger, umso mehr Dienstjahre sie auf dem Buckel haben: Sie werden zynisch, scheinen ein Stück weit zu verrohen. Hört man den Kollegen so zu, wenn wir alle mal zusammensitzen, werden die Gespräche zum Teil ziemlich deftig, werden Erlebnisse belustigt oder mit harten Worten nacherzählt. Erst war ich erschrocken, hatte nicht viel Verständnis. Nach und nach verstand ich es aber. Die Härte ist nicht abwertend gemeint. Sie zeigt nicht, dass die Polizisten kaltherzig und ignorant sind. Sie zeigt, dass sie mit einem enorm fordernden Arbeitsalltag umgehen und ihn verarbeiten müssen.

Wenn wir ehrlich sind, reden wir alle im vertrauten Kreis nicht immer politisch korrekt und verständnisvoll. Dennoch hoffe ich, dass es für Tim nur ein Ventil bleibt und er nicht beginnt, alles immer nur durch eine negative Brille zu sehen. Aber vielleicht bin ich ja mit meiner empathischen und verständnisvollen Art ein guter Gegenpol.

Obwohl auch ich inzwischen bei den Dauerthemen Bezahlung und Ausstattung zum Zynismus neige. Die Versprechungen und das Umsetzen stehen leider oft in einem großen Widerspruch zueinander. So bezahlten beispielsweise Brandenburg und Bayern ihren Beamten umgehend höhere Löhne, nachdem dies zu Beginn des Jahres 2017 bundesweit beschlossen worden war, sogar rückwirkend. Berlin machte: erst einmal nichts. Aber es wurde wieder vollmundig versprochen, dass nach einer Beratungsphase mehr gezahlt werden würde als die gängigen zwei Prozent, um den bundesweiten Anschluss an den Lohndurchschnitt gleich mit anzugehen. Der Sommer zeigt dann jedoch, dass diese Aussagen – jedenfalls für mein Gefühl – nur minimal und damit eher symbolisch umgesetzt werden sollten: Statt 2 Prozent werden es 2,8 Prozent. Das ist eine völlig überwältigende Steigerung und wird die Lohnangleichung raketenartig voranbringen. Nicht.

Für Tim und mich ist das Ergebnis nur eine kurze, belustigte WhatsApp-Nachricht wert. Irgendwie regt man sich mit der Zeit gar nicht mehr über so etwas auf. Es wird zur Kenntnis genommen und mit «war ja nicht anders zu erwarten» oder einem anderen zynischen Spruch abgehakt. Nach all den Jahren bleibt leider immer das Gefühl zurück: Wirkliche Anerkennung und Wertschätzung sieht anders aus. Gerne würde ich die Entscheidungsträger fragen: «Finden Sie es gerecht, dass mein Mann und wir als Familie all diese Opfer bringen und dann immer wieder so abgespeist werden? Ist Ihnen das Opfer überhaupt bewusst? Und, würden Sie, wären Sie Berliner Polizist unter diesen Umständen, immer noch so entscheiden?»

Gedanken einer Mutter

Mich hat das Polizistenfrau-Sein verändert, und nicht immer fühle ich mich allem gewachsen. Je älter unser Sohn wird, desto drängender stellt sich mir aber auch die Frage: Was macht der Beruf mit den Kindern von Polizisten? Was nehmen sie wahr, was verinnerlichen sie, was werden sie ihr Leben lang mit sich tragen? Wären sie gar andere Menschen, hätten sie keinen Polizisten als Elternteil?

Wenn ich meine Ehe, meinen ganzen Alltag wegen der fehlenden gemeinsamen Zeit inzwischen als unvollständig empfinde, wie geht es dann unserem Sohn? Vermisst er Tim ähnlich wie ich, oder ist es eben einfach so für ihn, weil er es nicht anders kennt? Ein Papa, der wenig da ist und immer mal vor Erschöpfung auf der Couch einschläft. Immer liegt ein bisschen Sorge und diffuse Gefahr in der Luft. Die blauen Flecken in Papas Gesicht. All die anderen Verletzungen. Schon früher als andere Kinder hat Ben mitbekommen, dass es da draußen böse Menschen und dramatische Zwischenfälle gibt, aber irgendwie auch noch Schlimmeres, das bewusst nicht angesprochen wird. Er musste verstehen lernen, dass da etwas anderes sein muss als der Räuber aus dem Kinderbuch. Der Papa trägt Handschellen, Schlagstock und eine Waffe, kann Menschen festnehmen, das darf sonst niemand.

Tägliche Abschiede, die irgendwie anders sind als bei den anderen, und die Erleichterung, wenn Papa wieder da ist. Familienzeit, so innig herbeigesehnt und meist kostbar zelebriert.

Dazwischen viel, viel Zeit allein mit Mama. Aber auch ganz viel Stolz. Überhaupt ist ganz vieles so anders als bei anderen Familien.

Wie wird Ben später einmal Familie definieren? Was wird ihm wichtig sein und wie wird er selbst einmal leben? Auch wenn ich weiß, dass Ben an der Situation nicht zerbrechen wird, frage ich mich doch, was all das Vermissen und Verzichten mit ihm über die Jahre machen wird. Ist er vielleicht deswegen ein Kind, das sich nur auf sehr wenige Menschen konzentriert und bei diesen sehr anhänglich sein kann? Ist es deshalb für ihn scheinbar etwas schwerer als für andere Kinder, wenn sich Freunde für eine gewisse Zeit mehr anderen Kindern zuwenden?

Ich denke zurück und sehe unseren zweijährigen Sohn, der sich in die Polizeistiefel seines Papas stellt. Sie gehen ihm bis zu den Knien, und er grinst über beide Ohren. Den schweren Helm für die Hundertschaft muss Papa festhalten, als Ben ihn aufsetzen will. Und dann ist er ihm doch etwas unheimlich und soll wieder runter. Die Polizeimütze ist da schon cooler. Wehmütig denke ich zurück, wie wir zusammen einen kleinen Zettel schrieben und ihn Papa in die Mütze steckten. Ganz geheim. Zum Schutz. Auch jetzt trägt Tim ihn immer noch stets bei sich.

Seit drei Jahren in Folge gibt es für Ben keine andere Option, als an Fasching als Polizist zu gehen. So steht er dann vor einem – keinen Meter groß, aber schon ganz der Papa. Man ist gleichzeitig ganz verliebt und voller Gedanken. Schon immer hatte er eine große Vorliebe für alles mit Blaulicht. Später wird er mal Polizist und Rennfahrer, sagt er. Oder er baut Roboter. Aber auf jeden Fall auch Polizist, und dann fährt er mit Papa Streife.

Alles total süß. Aber ich kenne auch die vielen – inzwischen Hunderte – Male, bei denen er durch die Wohnung läuft und Papa sucht. «Wo ist Papa?» Obwohl er die Antwort kennt, fragt er mich das regelmäßig. Ich habe noch nicht wirklich verstanden, was das bedeutet. Aber es muss ein Ausdruck des Vermissens sein.

Auch an diesem Abend, wie an unzähligen anderen, muss Papa vor dem Weggehen ganz fest gehalten werden. Nur nicht loslassen, vielleicht bleibt er ja doch ... Es bricht auch Tim immer wieder das Herz, seinen kleinen Sohn so von sich abpflücken zu müssen, um gehen zu können.

Ben läuft auf den Balkon und macht sich ganz lang, um wenigstens etwas über das Geländer schauen zu können. «Papa», ruft er und winkt. Tim winkt zurück und verschwindet schließlich aus dem Blickfeld. Und wieder ist das Vermissen plötzlich so stark, dass Ben ganz niedergeschlagen ist und kurz davor, zu weinen. Ich nehme ihn fest in den Arm und versuche Halt zu geben. Dann holt sich Ben ein Foto von uns dreien aus seinem Zimmer und stellt es vor sich auf. Während er seine Nase immer wieder tief in Papas Kissen vergräbt, kuscheln wir uns zusammen auf die Couch und lassen den Abend ruhig ausklingen.

Ich kann meinem Kind den Kummer nicht nehmen. Ich reiche in diesen und vielen anderen Momenten einfach nicht, kann die Lücke nicht immer füllen, die der sehr einnehmende Beruf von Tim nun einmal hinterlässt. Hunderte Fragen quälen mich, und einige davon ähneln durchaus denen Alleinerziehender.

Der Verstand sagt natürlich, es ist alles gut, solange wir Eltern zufrieden sind und wir uns als Familie lieben. Der ganze

Käse eben, den man sich mantraartig vorbetet, um zumindest kurz den Zweifel zum Schweigen zu bringen. Nun kommen aber noch ein paar weitere Punkte hinzu, die unablässig die Zweifel schüren. Ich fühle mich oft, als wäre ich alleinerziehend, da die gesamte Familienorganisation zumeist von mir allein getragen werden muss – aber ich bin es schlichtweg nicht. Ich mache mir also nicht nur Gedanken zu den beschriebenen Fragen, sondern ich zermartere mir zusätzlich noch den Kopf, wie sich Tim fühlt.

Er ist ein moderner Vater, immer schon gewesen. Für ihn steht es außer Frage, alle in einer Familie anfallenden Aufgaben ebenso zu übernehmen wie ich. Wie fühlt er sich also, wenn er das nicht kann? Wenn ich dann auch noch davon spreche, quasi alleinerziehend zu sein? Ich befürchte, dass ich damit nur noch mehr Druck aufbaue, ohne es zu wollen. Es ist nicht leicht, so darüber zu sprechen, dass die existierenden Probleme klar benannt werden, das aber nicht gleichzeitig wie ein Vorwurf rüberkommt. Eine Leistung, die wir konsequent erbringen müssen, aber leider nicht immer erfolgreich können. So kommt es immer wieder vor, dass wir fast aneinandergeraten, weil ich manches Mal seine Unterstützung nicht annehmen möchte und es mit dem Satz «Das muss ich sonst auch allein schaffen» erkläre. Oder wenn noch Aufgaben zu erledigen sind und ich die Aufzählung mit «Ich muss noch xy erledigen» begleite. Tim fühlt sich dadurch ausgeschlossen, weil es in dieser Hinsicht in meinem Denken meist nur ein Ich und kein Wir gibt. Manchmal fühlt es sich für ihn an, als würde ich das, was er leistet, wenn er da ist, nicht sehen.

Was haben wir uns in den letzten Jahren gestresst, weil meine unbedachten Aussagen, wie «Da musst du ja schon wieder arbeiten», die keinen Angriff auf Tim beinhalteten und wenn überhaupt nur das Genervtsein über die Zustände ausdrückten, zu Verärgerung, Verletzung und schließlich Streit führten. Dass sich Tim dadurch immer zu Unrecht angegriffen fühlte, musste ich erst lernen zu verstehen. Er ärgert sich selbst darüber, dass er wenig da sein und mich unterstützen kann. Solche – wenn auch nicht böse gemeinten – Aussagen stechen dann in eine sowieso bereits vorhandene Wunde. Also verkneife ich sie mir inzwischen beziehungsweise formuliere, was ich eigentlich meine: Schade, dass du nicht dabei sein kannst. Und trotzdem: Manchmal ist das Gefühl eben ein anderes als das, was der Verstand zu der Situation sagt. Wenn man es gewohnt ist, die Dinge zum großen Teil alleine regeln zu müssen, dann denkt man nicht unbedingt daran, dass gerade mal Hilfe da wäre, sondern macht es eben automatisch wie immer.

Aber auch Ben hat bereits verinnerlicht, dass ich es bin, die das Familienleben organisiert. So kommt er in der Regel mit allen Fragen und Anliegen zu mir. Sogar wenn er Fragen hat zu Dingen, die Papa tut – selbst wenn Tim anwesend ist. Ich muss ihn dann immer wieder erinnern, direkt Papa zu fragen.

Vermutlich wird Ben immer eine andere Sicht auf die Gesellschaft haben, da er durch Tims Beruf näher am Guten, aber auch am Bösen ist. Da sind die sichtbaren Verletzungen von Papa nur ein Aspekt. Ich möchte ihm in jedem Falle für das Leben mitgeben, in allem Negativen immer auch das Positive zu sehen, nicht nur nach dem großen Glück zu suchen, sondern auch die kleinen Dinge im Leben wertzuschätzen.

Ben wächst mit einem Vater auf, der stolz ist auf das, was er tut. Der immer wusste, was er werden wollte, und sich stets dafür eingesetzt hat. Ob nun als Polizist oder Vater, beide Rollen füllt er mit großer Leidenschaft aus. Das gibt er seinem Sohn mit, jeden Tag. Und am Ende würde mein Sohn sicher – ganz wie Tim – zu mir sagen, ich solle mir nicht so einen Kopf machen. Denn er wird seinen Weg gehen. Und er wird immer sicher wissen, dass wir ihn mehr lieben als alles andere auf der Welt und stets dafür bereit waren und bereit sein werden, unser Bestmögliches zu geben.

«Mein Mann ist Polizist»

Viele Jahre habe ich wenig über den Beruf meines Mannes gesprochen. Zu oft habe ich erlebt, dass Menschen seltsam darauf reagieren. Die einen werden etwas zurückhaltend, erzählen hier und da nicht mehr so ausschweifend oder rümpfen die Nase, andere reagieren mit Spott in unterschiedlichen Facetten – von ein bisschen ironisch, aber dennoch nett gemeint bis abwertend und verurteilend.

Die für mich unangenehmste Situation ergab sich auf einer Party vor einigen Jahren bei einer engen Freundin. Freunde brachten Bekannte mit, und so waren wir schnell eine ziemlich große Gruppe, die zunächst sehr nett zusammen grillte und quatschte. Ben war zu diesem Zeitpunkt noch kein Jahr alt, spielte, war fröhlich und schlief dann am Abend auf meinem Arm ein. Eigentlich ein schöner Nachmittag und Abend bis dahin. Doch dann fing einer der mitgebrachten Gäste an, die Stimmung zu verändern. Er hatte bereits enorm viel getrunken und hetzte plötzlich gegen den Staat, die «Bonzen» und dann auch gegen Polizisten. Die übrigen Gäste schauten sich betreten an, einige versuchten, ihn zu beruhigen und das Thema zu wechseln. Doch der Mann hatte sich inzwischen so in Rage geredet und verstand alle Interventionen als Angriff. Es war ein bisschen wie bei einem Unfall: unangenehm und bedrückend, aber dennoch schauten alle hin.

Ich hielt mich aufgrund meines schlafenden Babys zurück, da ich erkannte, dass momentan nichts zur Beruhigung hätte beitragen können. Auch Tim ignorierte das Gerede. Also verwickelte ich demonstrativ andere um mich herum in ein neues Gespräch, während der Gast weiter hetzte. Doch die Aufmerksamkeit blieb immer auch bei ihm. Ich sah das Mitleid meiner Freundin, die eingeladen hatte und mit der ich nun redete. Ich bemerkte auch, wie andere unserer Freunde immer wieder zu uns schauten und peinlich berührt waren. Ich schaute zu Tim, wortlos verständigten wir uns: Er sah mir an, dass ich gleich platzen und etwas sagen würde, versuchte mich aber mit seinen Blicken zur Ruhe zu mahnen, um nicht zur Eskalation beizutragen.

Ich schluckte schwer, jedes dieser Worte voller Hass traf mich quasi körperlich. Als der pöbelnde Gast begann, ausführlich zu berichten, wie er auf Demos versuchte, Polizisten gezielt schwer zu verletzen – «Man muss ihnen irgendwie den Helm entreißen, die Birne frei kriegen. Am besten mehrere tun sich zusammen. Wenn der Helm dann weg ist, draufkloppen und -treten und am besten Steine besorgen» – konnte ich nicht mehr an mich halten. «Ist dir eigentlich noch zu helfen? Du redest hier über Menschen!», sagte ich bemüht ruhig. Er starrte mich wütend und verständnislos an. «Was willst du? Jedes Bullenschwein hat es verdient, dass man ihm den Schädel einschlägt. Muss ja nicht Bulle werden ...» In mir explodierte eine Bombe. Da ich aber nun nichts Manierliches mehr zu sagen hatte und außerdem Ben auf dem Arm, stand ich wütend auf, wünschte ihm, dass das Karma ganze Arbeit leisten würde, und verließ umgehend den Garten.

Ein letzter Blick traf unsere Freunde, die mir betroffen hinterherschauten. Tim und meine Freundin folgten mir umgehend. Ich drückte Tim Ben in die Arme, der durch die Stimmung wach geworden war und sich nun verknautscht und müde an Papa kuschelte, während ich vor Wut schnaufend die Sachen packte. Meine Freundin versuchte zu vermitteln: «Den hat Antje mitgebracht ... Er ist ein Arsch ...», erklärte sie. «Mach dir doch nichts daraus. Der ist total dumm und Alkoholiker ...» – «Doch, da mache ich mir etwas draus», fuhr ich sie an. «Er hat gerade frei von der Leber erzählt, dass er Tim töten würde.» – «Na ja», wiegelte sie ab, «er meinte ja nicht ihn persönlich ...» Weiter redete sie nicht, da ich ihr für diese Aussage mit meinem Blick quasi an die Gurgel sprang. Tim versuchte, mich zu beruhigen, vergebens. «Wie ginge es dir, wenn er das über deinen Freund sagen würde: Ich schlage ihm den Schädel ein, hat er nicht anders verdient, weil er PCs repariert!?», fragte ich meine Freundin mit einer Mischung aus Wut und Enttäuschung. Sie schwieg betroffen. «Und weißt du, was noch fieser ist? Dass ihr alle danebensitzt, uns mitleidig anstarrt, aber niemand macht den Mund auf! Wir sind Freunde, dachte ich.» Dann ging ich wortlos. Tim verabschiedete sich noch und kam mir hinterhergeeilt.

Die ganze Heimfahrt über regte ich mich unglaublich über die Situation auf. Und auch heute noch, Jahre später, ärgert sie mich. Dieses Erlebnis hatte Konsequenzen für einige Freundschaften und auch darauf, wem ich zukünftig erzählte, was mein Mann beruflich macht. Dennoch und Gott sei Dank sind das nur extreme Ausnahmen. Die meisten in meinem Umfeld begegnen dem Beruf des Polizisten insgesamt mit Respekt und Anerkennung. In letzter Zeit sogar noch viel deutlicher.

Es bleiben die kleinen Alltagssituationen. Amüsiert beobachtete ich die Reaktionen der anderen Eltern im Kindergarten, als die Kinder einen Ausflug auf Tims Abschnitt machten und durch die Erzählungen der Kinder und auch ausgehängte Fotos klarwurde, dass Tim Polizist ist. Bis auf einige interessierte Nachfragen war es kein großes Thema, aber die meisten schauten sich Tim noch einmal genauer an. Die Blicke waren so ein bisschen, als würden sie überlegen: «Oh, aha, er ist also Polizist.» Und ich würde zu gerne wissen, ob sie dann dachten, «Das passt auch zu ihm» oder «Das hätte ich aber nicht gedacht».

Auf dem Spielplatz kam nun manchmal der ein oder andere unglaublich geistreiche und «lustige» Spruch, wie zum Beispiel: «Sei vorsichtig Sophia, nimm dem Jungen nicht die Schippe weg. Sein Vater ist Polizist, der steckt dich dann ins Gefängnis.» Oder: «Dein Mann ist doch Polizist, kann der da nicht mal was machen?» Außer Erfahrungen und Wissen weiterzugeben, kann er da natürlich nichts machen.

Eine Mutter, die leider mal das Pech hatte, Fahrrad fahrend auf dem Gehweg entgegen der Fahrtrichtung in eine Verkehrskontrolle zu geraten, bei der auch Tim dabei war, grüßte uns in der Kita zukünftig nicht mehr. Alles Kleinigkeiten, die wir mit Humor nehmen können, auch wenn sie durchaus nerven.

Bei der Arbeit hatte ich eine Kollegin, die nichts für die Polizei übrighatte und das auch gerne kundtat. Irgendwann bekam sie dann mit, dass Tim Polizist ist. Die Konsequenz war, dass sie vor oder nach ihrem Schimpfen nun immer die Floskel «Ich will dir ja nicht zu nahe treten» hinzufügte. Auch wenn es nervte, ich ließ sie schimpfen, denn das tat sie oft und gern. Außerdem zog sie auch über alle möglichen anderen Gruppen her, die Polizei war nur eines ihrer Hassobjekte.

Aber egal wo, ich habe bisher kaum erlebt, dass die Aussage, Tim sei Polizist, eine konsequenzfreie Information gewesen wäre. Irgendeine Reaktion gibt es immer. Rede ich über meinen Job, erlebe ich das nicht. Entweder muss ich noch einmal kurz erklären, was ich da genau mache, oder es scheint nicht wirklich zu interessieren. Aber noch nie hat sich jemand flüsternd zu einem anderen gedreht, gesagt: «Sie arbeitet das und das», und dann schauten mich beide prüfend an. Und es verändert auch nichts im Umgang miteinander, wenn meine Tätigkeit bekannt wird. Bei Tim ist das anders. Und das spüren nicht nur wir, sondern auch schon Ben. Wobei es kleine Kinder ja meist noch total cool finden, wenn man Polizist ist. Ich frage mich, wie das in einigen Jahren sein wird.

Dass man Berufen auch gewisse Werte zuschreibt und dies dann auf die Menschen überträgt, kann ich verstehen. Davor bin auch ich nicht gefeit. Und dennoch, mein Sohn ist mein Sohn, ich bin ich – wir sind nicht der Beruf meines Mannes und wir sind schon gar nicht, was der Polizei so Negatives zugeschrieben wird. Trotzdem leben wir es an vielen Stellen in unserem Alltag mit. Daher würde ich mir wünschen, dass im politischen und behördlichen Denken und Handeln auch mal die Menschen eingeschlossen werden, die hinter den Polizisten stehen, und berücksichtigt wird, was manche Entscheidungen für die Polizisten als Menschen und Familienmitglieder, aber eben auch für die Familien bedeuten. Wenn ich als Stadt die Polizisten pausenlos arbeiten lasse, brauche ich mich über zunehmende Erkrankungen und steigende Krankmeldungen nicht zu wundern.

Tim bekommt ein Grundgehalt von 2340,81 Euro brutto, für jeden nachzulesen in der Besoldungstabelle von Berlin. Er ist im gehobenen Dienst, hat dafür ein Studium absolviert und arbeitet mindestens 41,5 Stunden die Woche. Überstunden sind unbezahlt und kaum abzubummeln. Da in Berlin den Polizeibeamten des gehobenen Dienstes nur 50 Prozent Beihilfe gewährt wird, müssen sie sich privat krankenversichern. Beihilfe bedeutet, dass die Versorgung im Krankheitsfall von dem Dienstherrn beziehungsweise den Bundesländern übernommen wird. Von dem, was netto übrig bleibt, müssen dann also die Beiträge für die private Krankenversicherung sowie andere notwendige Versicherungen bezahlt werden, die je nach Gefahrenzulage mehrere hundert Euro im Monat ausmachen. Wir zahlen für diese Posten über 200 Euro monatlich. Von den explodierenden Mieten in Berlin will ich gar nicht erst anfangen. So wundert es auch nicht, dass immer mehr Polizisten einen Nebenjob haben. Ich frage mich, wie sie das trotz langer Schichten und notwendigem Schlafs noch schaffen und was das mit ihnen und ihren Familien macht. Tim und ich sehen uns so schon kaum.

Selbst das Bundesverwaltungsgericht urteilte, dass die Besoldung der Berliner Beamten in den mittleren Besoldungsgruppen verfassungswidrig niedrig bemessen sei und in unteren Besoldungsgruppen sogar die absolute Untergrenze einer verfassungsgemäßen Alimentation unterschreite.* Was sagt das über unsere Politik aus?

Und selbst wenn man so herzlos ist, dass einem die teils prekären Umstände und ihre Auswirkungen auf die Menschen nicht jucken, sollte man doch spätestens bei den Folgen für die Stadt umdenken: schlechte Aufklärungsquoten, manche kleinere Delikte werden gar nicht erst verfolgt, Ermittlungen bleiben Monate, auch Jahre liegen, da niemand Zeit hat, sich ihnen

---

* http://www.bverwg.de/pm/2017/65

zu widmen, das Entstehen von Orten, an denen die Kriminalität die Oberhand gewonnen hat. Punkte, die Tim immer wieder extrem wütend werden lassen: So stellt er sich Polizeiarbeit nicht vor, es widerspricht allem, was er mit seiner Arbeit erreichen möchte.

Für all das übernimmt jedoch leider niemand von denen, die etwas grundlegend ändern könnten, die Verantwortung. Und während der Slogan «Berlin muss wieder funktionieren» im letzten Wahlkampf hoch im Kurs stand, bleibt es dabei: In Berlin schaut man gerne sehr betroffen auf die Umstände, meckert kräftig, lässt aber die Hände in den Taschen und lebt von altem Ruhm. Berlin ist beliebt, und irgendwie läuft es doch. Da sind sie wieder, diese drei Affen: Nichts hören, nichts sehen, nichts sagen. Wobei der letzte durch einen ersetzt werden sollte, der die Hände in den Taschen hat, denn geredet wird ja viel.

Und während mein Mann wieder einmal zwölf Stunden an einem Sonntag auf Streife ist, dabei verfassungswidrig bezahlt und mit einer Ausrüstung aus dem letzten Jahrhundert ausgestattet wird, zieht eine Nachbarin skeptisch und etwas geringschätzig die Augenbraue hoch, als wir bei einem Plausch mit mehreren Nachbarn im Hausflur auf Schichtdienste und die Folgen kommen und sie durch einen Nebensatz eines Nachbarn erfährt, dass Tim bei der Polizei ist.

«Das müssen die schon aushalten»

Es geht mir nicht darum, dass man Polizisten grundsätzlich verehren sollte. Aber ich erwarte, wie auch sonst im Leben, einen respektvollen Umgang miteinander. Respektvoll heißt nicht, unkritisch zu sein, aber es bedeutet, zu differenzieren und vor allem nicht den Menschen hinter dem Beruf aus den Augen zu verlieren. Wenn mein Mann zum hundertsten Mal Diebe einer bestimmten Nationalität festnimmt, wird von ihm – zu Recht – erwartet, dass er auch auf den hundertsten wieder unvoreingenommen zugeht. Oft habe ich aber das Gefühl, dass ihm gegenüber mit einem anderen Maß gemessen wird. Eine schlechte Erfahrung mit der Polizei, ein Fehlverhalten oder gar strafrechtliche Verstöße Einzelner innerhalb der Behörde, und es scheint für viele absolut zulässig, alle Polizisten über einen Kamm zu scheren und abzuwerten. Meist reicht dafür auch schon das reine Hörensagen. Aber wehe, Polizisten benennen bestimmte Gruppen oder Ethnien, bei denen gehäuft Probleme und Straftaten festzustellen sind, oder, noch schlimmer, greifen offen auf diese Erfahrungswerte im Berufsalltag zurück. Dabei leben wir alle von unseren Erfahrungen. Nicht ohne Grund bringen wir unseren Kindern von früh an bei, nicht mit Fremden mitzugehen. Das tun wir nicht, weil wir alle fremden Menschen pauschal für gefährlich halten. Wir tun dies, weil sich gezeigt hat, dass ebendiese eine Situation gefährlich werden kann. So, wie man ein Führungszeugnis im Sportverein vorlegen muss, wenn man junge Menschen trainieren möchte. Auch hier sagt das nicht aus: Du willst mit Kindern arbeiten, du bist verdächtig. Sondern es zeigt, dass man – aus Erfahrung! – weiß: Es gibt Menschen, die nicht aus Nächstenliebe die Nähe zu Kindern suchen. Zum Schutze aller muss man nun einmal irgendwo ansetzen. Und, anders als beispielsweise in meinem Berufsalltag, ist es auch für Tim in vielen Situationen überlebenswichtig, durch die Erfahrung ein gewisses Gespür für Menschen und Situationen zu haben.

Früher war er sehr offen, es fiel ihm leicht, Kontakte zu knüpfen und Freundschaften zu schließen. Die Leute mochten ihn irgendwie immer alle, und ich stand oft daneben und fragte mich, wie er das machte. Heute mögen ihn die Leute noch immer (manche zumindest solange sie nicht wissen, welchem Beruf er nachgeht). Aber er ist ruhiger, das Kennenlernen oberflächlicher. Es ist, als seien seine Sinne anders geschärft, als sei er immer etwas in Habt-Acht-Stellung und grundlegend skeptisch. Auch in unserem gemeinsamen Alltag merke ich oft, dass er Menschen anders anschaut, manche gar mustert. Und er wägt Situationen nach anderen Maßstäben ab.

Als wir noch in unserer kleinen Studentenwohnung lebten, hatten wir Nachbarn, die jedes Wochenende Party machten und bis in die Morgenstunden extrem laut Musik hörten. In der zweiten schlaflosen Nacht wollte ich sie bitten, sie endlich leiser zu machen. Tim hielt mich vehement ab, und es kam darüber fast zu einem Streit zwischen uns, weil ich nicht verstand, warum er uns das jetzt partout nicht klären lassen wollte. Gerade Fälle von Ruhestörung oder häuslicher Gewalt würden häufig eskalieren, erklärte er mir dann. Wir konnten hören, dass sich eine größere Gruppe in der Wohnung aufhielt, die Leute tranken, und man roch eindeutig, dass sie Gras rauchten – und damit hielt es Tim für möglich, dass sie auch andere Substanzen konsumierten. Ihm schien es deshalb zu gefährlich, an diese Tür zu klopfen. Er bestand darauf, die Polizei zu rufen, die sei vorbereitet und könne sich im Zweifel auch entsprechend wehren. «Wir wissen nicht, was uns da erwartet. Vielleicht sind sie nur bekifft und wir sind ihnen egal, vielleicht sind sie aber auch aggressiv und greifen uns an. Wir haben hier ein Baby und sollten solche Experimente echt unterlassen», sagte Tim eindringlich und ohne Raum für weitere Diskussionen. Diskutieren wollte ich dann auch nicht mehr. All das hatte ich natürlich nicht bedacht.

Übrigens sollte sich Tims Gespür als richtig erweisen: Während wir noch diskutierten, hatten andere offensichtlich bereits die Polizei gerufen. Die Gruppe erwies sich in der Tat als aggressiv, und es gab noch einigen Ärger zwischen ihr und der Polizei, die irgendwann sogar Verstärkung holen musste. «Sag nichts», sagte ich genervt und rollte mit den Augen, als der Letzte der Gruppe nach einer Ewigkeit wild fluchend den Block verließ und endlich Ruhe einkehrte. «Brauche ich nicht», sagte Tim lachend und nahm mich in den Arm. Endlich konnten wir schlafen.

Seither arbeitet in mir die Erkenntnis, dass sich Ruhestörungen und häusliche Gewalt auch für die herbeigerufenen Polizisten als gefährlich erweisen können, wenn ich mir überlege, wie alltäglich diese Fälle sind. Du weißt nie, wer oder was dich hinter einer Tür erwartet. Ist man erst in der Wohnung oder dem Haus, hat der dort Wohnende natürlich einen Heimvorteil. Er kennt sich blind aus, die Polizei muss sich in beengten Verhältnissen erst einmal orientieren. So kennt auch Tim inzwischen verschiedene Situationen, in denen er und seine Kollegen bei vermeintlichen Routineeinsätzen plötzlich einer großen Anzahl von Leuten gegenüberstanden und die Atmosphäre so angespannt war, dass nur ein Funke ausreichte, um die Situation eskalieren zu lassen. Oder einen Fall, wo ein Betrunkener, der seine Freundin schlug und kaum mehr gerade stehen konnte, plötzlich auf die Beamten losging und Kräfte entwickelte, die auch zu zweit kaum zu bändigen waren. In anderen Fällen wurde Tim bei solchen «Hausbesuchen» gleich an der Tür mit einem Messer oder anderen Waffen begrüßt.

Wenn ich daran denke, wie nervös mich manchmal schon ein unbequemes Telefonat machen kann, und Tim steht regelmäßig vor einer Tür und weiß nicht, was ihn dahinter erwartet! Allein der Moment, als er sich plötzlich einer Gruppe junger Männer in angeheizter Stimmung gegenübersah, muss doch beängstigend gewesen sein. Ich fühle mich in großen, mich bedrängenden Menschenmengen immer unwohl. Wenn ich mir dann noch überlege, alle würden zusammengehören und der Fokus liege allein auf mir, wenn ich an all die Augen denke, die auf mich schauen, an die angespannte Situation, dann bekomme ich Herzklopfen und empfinde Angst. In einer solchen Situation, wie Tim sie erlebt hat, wäre ich regelrecht panisch. Uns Zivilisten bleibt in Situationen, in denen wir bedrängt und bedroht werden, immer die Flucht. Polizisten dagegen müssen sich solchen Situationen stellen und sie lösen. Und hoffen, dass die Mittel, die ihnen zur Verfügung stehen – seien es die eigenen mentalen wie körperlichen Fähigkeiten, sei es die Schutzausrüstung –, ausreichen, die Situation bestenfalls friedlich zu lösen, schlimmstenfalls sie aber unbeschadet zu überstehen.

Kein Polizist hat ein Interesse daran, in ein Handgemenge zu geraten. Keiner will am Ende der Schicht anderen Schmerzen zugefügt oder selbst welche erfahren haben müssen. Bei den meisten Berufen ist das kein Gedanke, der einem in den Sinn käme. Bei Polizisten bleibt es viel zu oft nur ein frommer Wunsch. Daher ärgert es mich umso mehr, wenn Zusammenstöße mit der Polizei einseitig bewertet werden, sowohl medial als auch zwischenmenschlich. Ich höre immer wieder, Polizisten würden ja entsprechend ausgebildet werden – nicht selten schwingt dabei mehr oder weniger deutlich ausgesprochen mit, so etwas müssten sie aushalten. Ja, Polizisten entscheiden sich für diesen Beruf, erfahren eine entsprechende Ausbildung und eine harte Schulung durch den Berufsalltag. Die «entsprechende» Ausbildung – was auch immer sich die Menschen darunter vorstellen – sorgt jedoch dafür, dass Polizisten Situationen lesen und bewerten lernen, dass sie deeskalierend und relativ angstfrei agieren können und im Zweifel wissen, wie sie effektiv durchgreifen oder sich verteidigen. Sie werden also dahingehend ausgebildet, möglichst nicht in Gefahr zu geraten, und wenn das doch passiert, handlungsfähig zu bleiben. Dieses Wissen und ein dickes Fell, das sich Polizisten sicherlich ebenfalls schnellstmöglich zulegen sollten, haben aber noch keine Seele und keinen Körper «kugelsicher» gemacht. Kein Polizist erwirbt übermenschliche Fähigkeiten, ein Polizist bleibt immer Mensch.

Was «müssen» Polizisten also «aushalten»? Wenn sie übel beschimpft, geschlagen, getreten, gebissen und bespuckt werden, geht das in Ordnung, das müssen sie eben aushalten? Warum? Weil sie sich für diesen Beruf entschieden haben? Weil sie in Uniform weniger Mensch, weniger empfindsam sind? Weil Beleidigungen weniger treffen, weil die Haut nicht mehr verletzt werden kann, sobald sie ein blaues Kleidungsstück mit der Aufschrift «Polizei» einhüllt? Und wie viele von denen, die so etwas sagen und denken, würden das bei Menschen, die ihnen nahestehen, ebenso leichtfertig akzeptieren? Würden sie auch noch so denken, wenn das in der Uniform ihre Partner, ihre engen Freunde, ihre Kinder, sie selbst wären?

Tim sagt immer, dass es der (noch) sehr guten Ausbildung zu verdanken sei, dass so verhältnismäßig wenig bei Konflikten passiere. In den USA, wo Polizisten lediglich einige Wochen und sehr auf die Waffe bezogen ausgebildet werden, kennt man leider andere Umstände, die zum Teil dramatische Ausmaße angenommen haben – und zwar auf beiden Seiten der Marke. Man kann nur hoffen, dass sich die Andeutungen und Befürchtungen nicht bewahrheiten, die nicht zuletzt durch den vermeintlichen Skandal um die Berliner Polizeiakademie eine große mediale und politische Aufmerksamkeit bekommen haben. Dass nämlich zum einen die Qualität der Polizeiausbildung bei uns durch enorme Einsparungen stark nachlassen könnte und zum anderen zunehmend fragwürdige Charaktere in Uniform an die Waffe gelassen werden.

Schon länger bemerke ich Gespräche unter Tims Kollegen, aus denen die Sorge um die Qualität einiger Anwärter herauszuhören ist. Geschichten und Gerüchte vom Verkauf von Diebesgut und Drogen vor der Polizeischule, von Prügeleien, schlechten Leistungen und zweifelhaften Eigenschaften, sogar von Verstrickungen in die Machenschaften krimineller Familienclans machen die Runde. Es gibt bisher nichts wirklich Handfestes, aber die Sorge der Kollegen um die zukünftige personelle Zusammensetzung der Polizei wächst. Tim ist jetzt schon unwohl bei dem Gedanken, im schlimmsten Fall in wenigen Jahren mit einem Kollegen auf Streife fahren zu müssen, der sich mehr in seiner coolen Rolle als Cop gefällt, als dass er gute Polizeiarbeit leisten wollen und Kollegen im Notfall das Leben retten würde.

Anna, Tims beste Freundin und Kollegin, hat letztens erst am eigenen Leib erfahren müssen, wie wichtig es ist, für geeigneten Nachwuchs und eine gleichbleibend gute Ausbildung zu sorgen. Sie und ihre Kollegin hatten einen Anwärter mit auf dem Wagen und führten eine Fahrzeugkontrolle durch. Von Beginn an waren die drei Fahrzeuginsassen nicht kooperativ, begannen wegen jeder Kleinigkeit lautstarke Diskussionen und zeigten sich insgesamt sehr respektlos den beiden Polizistinnen gegenüber. Die Stimmung drohte jederzeit zu kippen, es konnte brenzlig werden. Die Personenabfrage ergab, dass alle drei keine unbeschriebenen Blätter waren – das ließ die Polizistinnen noch mehr auf der Hut sein. Als dann endlich alles erledigt war und die drei Männer aus der Kontrolle entlassen werden konnten, wandte sich einer von ihnen an den die ganze Zeit abseits stehenden Polizeianwärter und sprach ihn an: «Bruder, dir wünsche ich alles Gute. Die hier sind mir scheißegal, aber dir alles Gute.» Der Anwärter reagierte höflich, bedankte sich und wünschte dem Mann duzend ebenfalls alles Gute.

Der Anwärter hat sich sicherlich nichts groß dabei gedacht und aus einer Grundhöflichkeit heraus reagiert – aber vollkommen falsch. So erklärte ihm Anna nach dem Einsatz durchaus verärgert, dass seine Reaktion vollkommen daneben war. Die beiden Polizistinnen hätten sich den Männern bewusst neutral gegenüber verhalten, vor allem, nachdem klar gewesen sei, dass sie bereits mehrfach kriminell in Erscheinung getreten waren. Diese Info habe auch der Anwärter gehabt, und aus welcher Motivation heraus auch immer er so vertrauensvoll auf sie reagierte, er habe damit die Autorität seiner Kolleginnen untergraben und gleichfalls Zweifel an seiner Loyalität aufkommen lassen. Kritische Situationen erforderten gutes psychologisches Handwerkszeug und das richtige Lesen- und Leiten-Können des Geschehenen. Er stehe kurz vor Ausbildungsende und müsse bereits ein besseres, geübteres Gespür für das richtige Auftreten und Reagieren aufweisen. Zum anderen sende er damit auch ein Signal an seine Kollegen, das er sicher nicht beabsichtige. Da Anna ihn nicht kenne, könne sie ihn auch nicht einschätzen und wisse nicht, ob sie sich auf ihn verlassen könne. Loyalität und Verlässlichkeit seien aber unerlässlich im Berufsalltag.

Anna reagierte da sicherlich streng, aber ich verstehe ihre kritische Haltung, da man im schlimmsten Falle die Lebensversicherung füreinander bedeutet. Und noch befindet sich der Anwärter in der Ausbildung, hat Gelegenheit, vieles zu lernen. Ich denke, dass es besser ist, Fehler während dieser Zeit sehr deutlich aufgezeigt zu bekommen, als dann später eigenverantwortlich wegen kleiner Fehler große Konsequenzen tragen zu müssen.

Die ganze Sache ist eine Kleinigkeit. Ich verstehe aber, dass alle Anwärter von den Kollegen kritisch beäugt werden und sich erst einmal bewähren müssen. Das war sicher schon immer so. Häufen sich aber die Geschichten über Personen mit fragwürdigen Einstellungen, verunsichert das zu Recht. Immerhin gibt es jetzt schon zu wenig Polizisten, die darüber hinaus noch mit einer schlechten Organisation in der Behörde zu kämpfen haben, sodass die vorhandenen Polizisten sich über kurz oder lang aufreiben. Da möchte man neben den sowieso schon fordernden Aufgaben des Polizeialltags nicht auch noch den Kollegen im Blick haben müssen. Die Polizisten müssen sich darauf verlassen können, dass das Kontrollraster bei Bewerbern engmaschig und streng ist. Es kann ja auch nicht im Sinne der Behörde sein, Menschen mit fragwürdiger Einstellung nur deswegen mit einem Gewaltmonopol auszustatten und an polizeilichen Interna teilhaben zu lassen, weil man sonst nicht genug Manpower auf die Straßen bekäme.

Grundsätzlich hat der Beruf des Polizisten viel Attraktives zu bieten. Nicht umsonst überlegen viele junge, intelligente, sportliche und anständige Menschen, ihn zu ergreifen. Auch in meinem Freundes- und Bekanntenkreis war das der Fall. Die Umstände aber führen dann oft zu einer Abkehr von diesem Wunsch. Und es sind immer dieselben Gründe: Die Bezahlung ist zu schlecht für das Gefahrenpotenzial, die jungen Leute wünschen sich moderne Technik und eine verlässliche, zeitgemäße Ausstattung. Und obwohl es für junge Menschen nicht immer gleich ein Thema ist, so ist doch auch die Vereinbarkeit von Beruf und Familie zunehmend entscheidend bei der Berufswahl. Es ist eben nicht mehr so, dass allein das Beamtentum und die damit gegebene berufliche Sicherheit zieht. Die jungen Menschen hinterfragen mehr, sehen eher das Gesamtbild und wollen für Opfer, die sie bereit sind zu bringen, auch Gegenleistung und Anerkennung. Die Lösung, wie man wieder mehr integre und zuverlässige Bewerber für den Polizeiberuf gewinnen kann, dürfte also ziemlich offensichtlich sein! Es ist das ewige Mantra aus besserer Bezahlung und Ausstattung, besserem Arbeitsklima und sicherlich auch besseren Karrieremöglichkeiten. Die besten Werber für Nachwuchs sind letztlich die Polizisten selbst. Aber wie viele von ihnen würden in der momentanen Situation jungen Leuten uneingeschränkt empfehlen, diesen Beruf (in Berlin) zu ergreifen? Ich erlebe oft eher das Gegenteil. Selbst Tim sagt, es ist der beste Job der Welt, aber Ben würde er eher davon abraten, in Berlin Polizist zu werden.

Auch wenn eine riesige Behörde nicht so frei und wendig ist wie ein Unternehmen, muss sie doch auch mit der Zeit gehen, wenn sie als Arbeitgeber attraktiv bleiben will. Oder sie senkt eben die Anforderungen, um mehr Bewerber einstellen zu können. Das geht schneller und ist billiger. Nur, ist es das, was wir uns für unsere Sicherheit wünschen?

Die Gefahr kommt mit nach Hause

Eines Abends kommt Tim nach Hause und scheint irgendwie in Gedanken versunken. Während wir uns gemeinsam bettfertig machen, erzählt er mir, dass er sich beobachtet fühlte, als er nach Hause kam. Ein Unbekannter war ihm schon einige Zeit hinterhergelaufen und wurde langsamer, als Tim vor der Haustür an unser Auto ging, um noch einen Getränkekasten herauszuholen, für den ich am Nachmittag keine Hand mehr frei hatte. Währenddessen wechselte der Mann die Straßenseite, lief langsam und beobachtete Tim unablässig, bis dieser das Haus betrat. Das kam Tim seltsam vor, und auch ich bin nach der Erzählung sofort beunruhigt.

Das Verhalten des Mannes musste gar nichts bedeuten, konnte hundert Gründe haben. Inzwischen sind die Zeiten jedoch leider so, dass einen solche Erlebnisse verunsichern. Wenn Polizisten auf ihrem Heimweg bewusst von Unbekannten beobachtet und private Kennzeichen sowie Bewegungsprofile notiert werden, wenn die privaten Pkw beschmiert, deren Radmuttern gelöst werden und in einschlägigen Onlineforen oder sozialen Medien Fotos und eindeutige Drohungen die Runde machen, auch gegen die Angehörigen von Polizisten, dann wird deutlich, dass sich die Gefahrenlage für Polizisten und auch die der Familien verändert hat. Manch ein Kollege verzichtet daher auf die Nutzung seines Autos im Umfeld der Polizeiwache. Ich bin mir sicher, es wäre schon sehr viel Schlimmeres geschehen, wenn die radikalen Polizeihasser das wollten.

Sie legen es aber auf das «Wir könnten euch etwas antun» und die unterschwellige Sorge an, die damit bei den Betroffenen ausgelöst wird. Und die ist bei uns Angehörigen sicher sehr viel höher, weil die Gefahren diffus sind und wir die Lage schlecht einschätzen und meist nur emotional bewerten können. Wir sind auch nicht geübt darin, potenziell gefährliche Menschen sicher zu erkennen oder in gewissen Situationen bedacht und vorsichtig zu agieren. Wer bitte denkt daran, die Radmuttern oder Bremsen zu überprüfen, bevor er sich in seinen Wagen setzt? Warum auch? Solch perfide Gefahren hat man doch gar nicht im Sinn. Aber als Polizist und Angehöriger muss man sein Denken offenbar dahingehend erweitern, aufmerksamer und wachsamer sein.

So bin ich am nächsten Morgen zugegebenermaßen etwas beruhigt, dass Ben und ich heute mit Bus und Bahn zur Kita fahren und nicht, wie mehrmals die Woche, mit dem Auto, da der Kindergarten weiter weg und in einem anderen Bezirk liegt. Es nervt, wenn solche Gedanken plötzlich ins Bewusstsein drängen, weil es zeigt, dass das «Wir könnten euch etwas antun» doch Früchte trägt. Und weil ich diesen Subjekten, die Polizisten und ihre Familien bedrohen, eigentlich kein Stück dieser Macht zugestehen möchte. Außerdem kommt man sich ja auch immer ein bisschen paranoid vor, wenn man so etwas überhaupt in Betracht zieht.

Am Nachmittag holt Tim Ben ab, da ich an Tagen, an denen er in die Nachtschicht geht, meist länger arbeite. Diesmal ist mein Arbeitstag wieder übervoll, und ich stimme entgegen besseren Wissens auch noch einem Termin zu einer Telefonkonferenz zu, der zu dicht an dem Zeitpunkt liegt, an dem ich gehen muss. Aufgrund meines langen Arbeitsweges und der nicht immer hundertprozentigen Verlässlichkeit des öffentlichen Nahverkehrs muss ich bis spätestens halb sechs aus dem Büro sein, um so rechtzeitig zu Hause anzukommen, dass Tim pünktlich seinen Dienst antreten kann. Das wird heute sehr knapp, und daher ist es wieder ein Tag, an dem Tim und ich uns nur die Klinke in die Hand geben. Als ich ihn später über WhatsApp frage, ob es für ihn ein bisschen komisch war, mit dem Auto zur Kita zu fahren, weiß er nicht gleich, was ich meine. Für Tim waren die am Abend vorher aufgekommenen Gedanken schon wieder verflogen. Dennoch stelle ich immer wieder fest, dass ihn Fälle, in denen von Übergriffen auf Polizisten in ihrem Privatleben berichtet wird, alarmieren.

Hatte ich vorher schon genau überlegt, wem ich von Tims Beruf erzählte, weil ich die Reaktionen darauf umgehen wollte, bekam diese Zurückhaltung mit der Zeit noch eine weitere Komponente: Sicherheitsgründe. Aus Gründen der Sicherheit muss nicht jeder wissen, dass Tim Polizist ist. Für Tim ist dieser Aspekt sehr wichtig, um Ben und mich bestmöglich zu schützen. Gerade, weil wir enorm viel Zeit allein zu Hause sind.

Als ich am folgenden Tag mit einer befreundeten Kollegin darüber spreche, dass ich mir aufgrund des Beobachtetwerdens von Tim gestern Sorgen gemacht habe und mich heute irgendwie dafür schäme, reagiert sie mit vollstem Verständnis. Schon alleine die Situation, beobachtet zu werden, würde sie verunsichern, sagt sie. Aber auch die Sorge wegen Tims Beruf könne sie verstehen. Sie habe mal eine Nachbarin gehabt, die sei auch bei der Polizei gewesen. Bei dieser sei mehrmals eingebrochen worden. Und da es nur bei ihr gewesen und dann nur alles durchwühlt, aber nichts geklaut worden sei, habe es wohl auch die Vermutung gegeben, dass die Einbrecher nach ihrer Dienstwaffe suchten. Sie sei dann nicht mehr uniformiert zur Arbeit und nach Hause gegangen, habe sich lieber auf dem Abschnitt umgezogen, damit es nicht mehr so eindeutig war, dass sie Polizistin ist und dort wohnte. Letztlich sei sie aber ganz weggezogen, weil sie sich nach den Einbrüchen nicht mehr wohl in ihrer Wohnung fühlte.

Am Abend erzähle ich Tim davon. Auch er geht nicht uniformiert aus dem Haus, die Gründe sind ähnlich. Es kommt aber noch hinzu, dass er in Uniform immer als Polizist erkennbar und damit auch bereits auf dem Arbeitsweg im Dienst ist. Zu der Uniform gehört jedoch auch seine Ausrüstung, zu der eben auch die Waffe gehört. Ich habe aber von Anfang an ausgeschlossen, dass die Dienstwaffe in unserer Wohnung aufbewahrt wird, weil ich die Kombination Kinder und Waffen in einem Haushalt für äußerst ungut halte. Aber auch grundsätzlich möchte ich einfach keine Waffe im Haus wissen. Da ist es mir auch egal, ob alle Richtlinien und Sicherheitsbestimmungen penibel umgesetzt und eingehalten werden. Waffe im Haus ist nicht.

Im Regen stehen

Die Sommer sind häufig hart für uns als Familie. Neben den grundsätzlich dicht liegenden Diensten kommen seit den letzten Jahren so viele AHu-Einsätze hinzu wie noch nie zuvor. Da kann man nicht von erholsamen Pausen reden. Aufgrund der Sparpolitik der ehemals rot-roten Regierung in Berlin wurden mehrere Ausbildungsjahrgänge ausgelassen. Das rächt sich nun an vielen Stellen. Ausbaden müssen das die Polizisten und nicht die, die diese enorme Fehlentscheidung getroffen haben. So kam es im letzten Jahr bei uns dazu, dass in einem Zeitraum von sieben Wochen das einzige freie Wochenende und drei weitere freie Tage durch AHu-Einsätze ausfielen. Am Ende hatte Tim in diesen sieben Wochen fünf freie Tage. Für mich war er damit gefühlt nicht zu Hause.

An einem sonnigen Freitag in diesem Sommer feiert Anna ihren Geburtstag, alles ist schon lange im Voraus geplant. Tim freut sich auf einen schönen Abend mit Freunden, ich werde mich derweil zu Hause um Ben kümmern. Alles sieht gut aus, Tim wird Freitag früh aus der Nachtschicht kommen und kann dann den Tag ausschlafen. Außerdem konnte er seinen Dienst so planen, dass er Samstag nicht gleich wieder in die Frühschicht muss, also am Abend ohne Stress und Zeitdruck wird feiern können.

Doch dann, am Donnerstag zuvor, platzt der Traum jäh. Ein kurzfristig anberaumter Staatsbesuch am Wochenende bedeutet wieder einen kurzfristigen Einsatz der AHu und damit für

Tim, dass er am Samstag in der halben Nacht auf der Polizeiwache erscheinen und dann auf unbestimmte Zeit in der Stadt rumstehen und Sicherheit verbreiten muss. Und es bedeutet vermutlich wieder einmal, Freunden kurzfristig absagen zu müssen.

Unser Freundeskreis ist inzwischen sehr überschaubar, Tims besteht hauptsächlich aus Polizisten. Besonders bitter war der Verlust seines besten Freundes aus Jugendtagen. Polizist zu sein allein bedeutet schon einen höheren Organisationsaufwand, um Freundschaften zu pflegen. Wir waren in Tims ersten Jahren bei der Polizei zudem auch gerade Eltern geworden – die ersten und lange die einzigen im Freundeskreis –, und die wenige Zeit, die Tim neben dem Arbeiten blieb, wollte er natürlich vorrangig mit seiner kleinen Familie verbringen. Oft versuchten wir, allem irgendwie gleichzeitig gerecht zu werden. Mit einem Baby und Kleinkind ging das auch immer mal wieder, da Kinder in dem Alter meist noch keine großen Ansprüche haben. Wenn Mama und Papa bei ihnen sind, ist damit auch Liebe, Versorgung und Sicherheit gewährleistet. Ben zumindest war und ist da Gott sei Dank sehr unkompliziert. Irgendwann nahmen aber die Arbeitszeiten bei uns zu, und Ben – und auch wir Eltern – hatte veränderte Ansprüche, sodass entspannte Zeiten zu Hause, in denen wir uns ganz auf unsere kleine Familie konzentrieren und auch mal erholen konnten, immer wichtiger wurden. Dass vor allem Tim nicht mehr so viel und vor allem spontane Zeit blieb, erforderte bei der Mehrzahl der alten Freunde Verständnis und Geduld, die viele aber irgendwann nicht mehr aufbringen mochten. So meldeten sich manche nach und nach immer weniger, andere reagierten mit Vorwürfen, die leider nicht gerade von der Fähigkeit zeugten, sich in andere hineinversetzen zu können oder zu wollen. Und so endete auch Tims langjährige Jugendfreundschaft eines Tages. Selbst wenn die Lebensumstände irgendwann einfach nicht mehr zueinanderpassen, ist es immer hart, wenn Freunde verlorengehen, vor allem bei den vermeintlich engen. Aber eines kann ich resümierend zu unseren Freunden sagen: Die, die blieben, und die, die inzwischen hinzukamen, sind Menschen, die uns unglaublich am Herzen liegen und auf die man in jeder Lebenslage zählen kann. Auch wenn vor allem meine und die gemeinsamen Freunde, die keine Polizisten sind, stets sehr viel Geduld und Verständnis aufbringen müssen.

Die vielen Polizisten in Tims Freundeskreis zu haben hat zwar den Vorteil, dass er sich nicht mehr erklären muss und man oft die gleichen Schwierigkeiten teilt. Aber es birgt auch die zusätzliche Herausforderung, dass alle in Schicht und viel zu viel arbeiten, inzwischen auch nach und nach Kinder hinzukommen, sodass ein Zusammenkommen aller weitaus schwieriger ist als zum Beispiel in meinem Freundeskreis, wo die meisten in der Regel freie Wochenenden haben.

Um den Spagat zu schaffen, die Freunde auf Annas Geburtstagsfeier mal wieder zu sehen und dennoch ausreichend Schlaf für den Einsatz beim Staatsbesuch am Samstag zu bekommen, bleiben Tim an diesem Freitagabend nur wenige Stunden. Wann ein nächstes Treffen aller klappen wird, steht in den Sternen. Inzwischen geübt in kurzfristigen Einsätzen, packe ich wieder einmal Essen ein, dass schnell nebenbei gegessen werden kann, auch ohne Kühlung möglichst lange hält und zumindest irgendwie noch gehaltvoll und ausgewogen ist.

Wenn Tim mit der AHu im Einsatz ist und die Gruppe groß genug, läuft es in der Regel so, dass regelmäßig gewechselt wird, also die, die bisher standen, nun im Gruppenwagen sitzen und dort essen und trinken können und die anderen ein paar Stunden stehen. Sind die Gruppen nur klein, muss von Fall zu Fall entschieden werden, wie kleine Trinkpausen oder auch Toilettengänge ermöglicht werden können. In der Regel achten die Kollegen untereinander darauf, dass regelmäßig beim Stehen von Sonne zu Schatten gewechselt wird, und wer die Aufstellung verlässt, bringt den anderen etwas mit. Wer dann nach Stunden auf Toilette muss, muss in den umliegenden Geschäften um Erlaubnis fragen, da die Behörde selbst keine Toiletten zur Verfügung stellt. Meist wird das gerne ermöglicht, aber Tim und seine Kollegen erlebten auch schon, dass der Gang auf die Toilette entweder bezahlt werden musste oder gar ganz verweigert wurde – und das in Restaurants oder Cafés, wo es Kundenverkehr und auch Kundentoiletten gibt. Also hält man an, und das länger als es eigentlich geht. Von einer Kollegin von Tim weiß ich, dass sie bewusst nichts trinkt und den Schmerz durch die beginnende Dehydrierung mit einer Kopfschmerztablette abtötet. Ich finde es erbärmlich, zu was die Polizisten da zum Teil gezwungen sind.

Bei diesem Einsatz wird Tim über Stunden im Starkregen stehen. Das Wetter ist neben den schon gegebenen Umständen oft noch einmal eine besondere Herausforderung. Wenigstens passiert bei den Staatsbesuchen nicht wirklich etwas. Als die Montagsdemos noch großen Zulauf hatten und die «Merkel muss weg»-Demos stattfanden, war die Stimmung eine andere. Denn besonders schwierig ist es immer dann, wenn zu den Demos auch zahlreiche Gegendemos stattfinden, die Polizei also zwischen den Fronten steht, um beide Gruppen voneinander getrennt zu halten.

Das sind auch die Momente, wo Tim lernen musste, gegen seine Überzeugung zu arbeiten. Ewig neben Menschen zu stehen, die «Deutschland den Deutschen» und andere rechte Parolen skandieren, nervt ihn immens. Und ich kann mir gut vorstellen, wie sehr es einen zum Brodeln bringen kann, wenn man sich diesen intoleranten Mist stillschweigend anhören muss. Wenn dann von anderen zusätzlich immer wieder die Vorwürfe kommen, man würde auf diesen Demos die Nazis beschützen, ist das doppelt zum Kotzen. Tim ärgert das, und er wird nicht müde, zu erklären, dass die Polizei nicht Nazis beschützt, sondern das Recht auf Versammlungsfreiheit und vor allem das Recht auf freie Meinungsäußerung. Dass er da nun steht, hat mitnichten etwas mit seiner eigenen politischen Überzeugung zu tun.

Der absurde Vorwurf, er sei ein Nazi, kommt sowieso recht häufig. Sobald er nicht im Sinne mancher handelt, ist er in deren Augen ausländerfeindlich und gerne auch einmal homophob, wie es eben gerade passt. So hatte Tim einen Fall, wo er zu einer häuslichen Gewalt gerufen wurde. Eine Frau war völlig aufgelöst und panisch, da ihr Lebensgefährte angeblich versucht habe, sie zu vergewaltigen. Sie verlangte nun, dass er nie wieder die Wohnung beträte. Beide waren ziemlich betrunken. Als der Mann dann Tim und seinen Kollegen anging, sie ihn bändigen mussten und schließlich zu Boden brachten, um ihm Handschellen anzulegen, ging die Frau plötzlich auf die Beamten los und beschimpfte sie, nur so zu handeln, weil ihr Freund Ausländer sei.

Ähnlich lief es ab, als sie wegen Ruhestörung in der Nacht zu einem Fest gerufen wurden, auf dem sehr lang und sehr laut gefeiert wurde. Während die Beamten dem Gastgeber erklärten, dass die Feier nun beendet sei, kam ein Mann auf Tim zu, mit dem Tim nicht ein Wort gesprochen hatte, und brüllte ihn an, er fordere sofort Tims Dienstnummer, denn er habe ihn gerade «Scheißausländer» genannt.

Wie Tim seinen Beruf angeblich zu machen hat, wissen sowieso alle anderen besser. Gerne vor allem die, die nicht die geringste Ahnung vom Berufsalltag und dem rechtlichen Rahmen haben. Auch manche Berichte und Kommentare, beispielsweise über Twitter, erlebe ich als unfair und engstirnig. Wer in Stresssituationen, in denen es um Leben und Tod geht, gezielte Schüsse auf verhältnismäßig schmale Körperteile wie Arme und Hände fordert, lässt jeden Realitätsbezug vermissen. Der Blick auf die Polizeiarbeit scheint hier durch Serien und Filme verfälscht. Oft fordern gerade Politiker, dass ein Polizist handelt, verurteilen aber die meisten Handlungen als die falschen. Dieses Klein-Klein scheint gerade in Berlin ein großes Problem zu sein. Ich habe schon häufiger von Polizisten vom Bund und aus anderen Bundesländern gehört, dass man Berliner Polizisten wirklich nicht beneide und es ein solches Hickhack in ihren Bundesländern nicht gebe.

Oft habe ich das Gefühl, ein Polizist (der wirklich noch jeden Tag auf der Straße ist) bewegt sich hier auf so vielen Ebenen gleichzeitig wie auf einem Minenfeld – in der Gesellschaft, politisch, in der eigenen Behörde und manchmal auch zu Hause. Er begibt sich selbst in Gefahr und hält den Kopf hin für die, die ihn hassen, weil er gerade da ist und nicht in ihrem Sinne handelt, und auch für die, die seinen Berufsstand politisch verteufeln oder instrumentalisieren.

Unablässig trifft er auf Ablehnung, muss sich beschimpfen, beleidigen und angreifen lassen. Gerichte entscheiden dann, dass die Abkürzung «ACAB» (all cops are bastards) keine Beleidigung ist. Junge Politiker tragen stolz ihre mit «FCK CPS» (fuck cops) bedruckten Shirts.* Und immer wieder diese ständigen Unterstellungen, dieses grundsätzliche Schlechtmachen und Verurteilen. Mein Mann will seinen Job gut machen, er will wirklich etwas bewegen, wenn auch im Kleinen. Er rettet nicht die ganze Welt, aber er rettet immer wieder die kleine Welt derer, denen er hilft. Er macht nicht die ganze Welt zu einem besseren Ort, aber er macht sie ein kleines Stück sicherer.

Nachdem mich all das die erste Zeit maßlos wütend gemacht hat, bewege ich mich heute zwischen Ärger und Resignation. Vor allem für Ben möchte ich selbstbewusst sein. Sollen sie doch denken, was sie wollen. Ist doch die negative Pauschalisierung von Polizisten genauso wenig zutreffend wie die Pauschalisierung von Ausländern oder Lehrern. Aber irgendwie trifft es einen doch immer wieder.

Wenn es zu einer polizeilichen Reaktion kommt, machen diese Bilder, oft verkürzt und aus dem Zusammenhang gerissen, enorm schnell die Runde. Ich wünsche mir hier weniger Empörungs- und Sensationsgier und mehr rationale Beurteilung. Ich erlebe Tim in Situationen, in denen mal wieder ein solch verkürztes Video mit vermeintlicher Polizeigewalt viral geht, ärgerlich, aber auch etwas verunsichert. Auf ihn wirkt ein solches Video wie auf alle anderen, er ist zunächst empört oder zumindest verwundert. Sekunden danach setzt aber sein professionelles, berufliches Denken ein, und er analysiert die Situation bereits ganz anders als ich und damit vermutlich auch

---

* So zu sehen in einem Tweet der Grünen Jugend (twitter.com/gjberlin/status/759364938167115781)

anders als die meisten anderen: Er schaut mehr auf das Umfeld, die Menschen, die beteiligt sind, kann Stimmungen und Aktionen oder Reaktionen ganz anders herauslesen. Es dauert meist auch keine Minute, da hat man das Originalvideo in voller Länge irgendwo gefunden, und siehe da, die Situation ist – mal wieder – nicht so schwarz-weiß und eindeutig, wie sie mit dem Kürzen versucht wurde darzustellen.

Ich wünschte, die meisten Menschen hätten die Digitalkompetenz, sich nicht auf Informationen zu verlassen, die nur einen Ausschnitt zeigen, sondern würden sich vielmehr die Mühe machen, Dinge zu hinterfragen und etwas mehr zu recherchieren. Aber das ist ein anderes enormes Problemfeld unserer heutigen Gesellschaft. Dennoch führt auch dieser bedenkenlose Umgang mit vermeintlichen Wahrheiten dazu, dass sich Verunsicherung unter den Polizisten breitmacht. Wir alle sollten uns nur einmal in die alltägliche Lage der Berliner Polizisten versetzen: Sie müssen die jeweils anstehende Situation optimal und sicher lösen, müssen recht- und verhältnismäßig handeln, müssen sich, beteiligte Bürger und Kollegen schützen und repräsentieren gleichzeitig mit jedem Wort und jedem Handeln die gesamte Behörde, die intern auch gern die Daumenschrauben fester anzieht, wenn man nicht agiert, wie es gewünscht ist – oder die gar Karrieren beendet.

Wenn die Situation dann auch noch einen heiklen Hintergrund hat, der von anderen in der breiten Öffentlichkeit schnell zu einem Politikum gemacht werden kann, dann dürfte jeder nachvollziehen können, warum ich gerne das Wort Minenfeld in diesem Zusammenhang benutze. Jeder Schritt im Berufsalltag eines Polizisten kann zum falschen werden, obwohl man sich nichts zuschulden kommen ließ. Am Ende wissen es alle anderen besser – ob sie nun wirklich Ahnung haben von Polizeiarbeit oder einfach nur eine Meinung.

Aber grundsätzlich gilt: Eben weil Polizisten gut ausgebildet sind – zumindest momentan noch – und für mein Empfinden oft über die Maßen einstecken können, passiert so wenig. Obwohl sich Tim durchaus über unausgewogene Berichterstattung und den einen oder anderen Kommentar eines Politikers ärgert: den Anfeindungen in seinem Berufsalltag begegnet er relativ gelassen, wenn auch nicht unberührt. Die meisten Beschimpfungen und Beleidigungen kann er bewundernswerterweise an seiner Uniform abprallen lassen. Sie würden nicht ihm als Menschen gelten, sondern der Uniform oder dem System, sagt er. Und dennoch macht es etwas mit ihm. Über die Jahre ist er härter geworden. Er ist noch immer der herzliche, lustige und empfindsame Mensch von früher, aber er zeigt es weniger.

Es ist, als würden die Empfindungen immer weiter in sein Inneres wandern und die äußere harte Schale immer dicker werden. Sein Blick wirkt nun oft streng, und manchmal missdeute ich ihn als sauer oder missbilligend. So ertappe ich mich in den letzten Jahren zunehmend dabei, manche seiner Reaktionen nicht mehr lesen zu können, sondern nachfragen zu müssen. «Freust du dich?», ist beispielsweise so eine typische Frage.

Aber nicht nur sein Blick ist strenger geworden, auch seine Bewertung von Situationen. Gerade beim Autofahren regt sich Tim schnell über Fehlverhalten anderer auf. Es ärgert ihn zum Beispiel sehr, wie leichtsinnig und zum Teil lebensgefährlich sich manche Fahrradfahrer verhalten. Man kann es ihm kaum verdenken, denn er ist schon genug mit schwerverletzten oder gar toten Fahrradfahrern im Dienst konfrontiert worden. Er sagt selbst, wenn man bereits Verstorbene unter einem Lkw hervorholen musste, fehlt einem einfach jedes Verständnis für die Leichtsinnigkeit mancher Fahrradfahrer im Alltag. Er hat damit natürlich recht. Aber mit ihm Auto zu fahren kann deshalb durchaus nervig werden. Oft scheint Tim seinen Beruf in der Freizeit nicht ausschalten zu können.

Vielleicht ist das auch der Grund, warum er von Ben für meinen Geschmack etwas zu oft Folgsamkeit erwartet, in manchen Situationen so hart zu ihm ist, dass dieser anschließend wütend oder verletzt zu mir kommt. Vielleicht ist es aber auch den mangelnden Erholungsphasen geschuldet, denn so wundervoll Kinder sind, sie sind eben auch anstrengend. Und wenn man schon grundsätzlich erledigt und daher gereizt ist, fehlen vermutlich Geduld und Verständnis für kindliche Lebenswelten.

Es ist eben nicht immer leicht, auch nicht als Partnerin. Jede Beziehung verändert sich natürlich über die Jahre, aber Tims Beruf hat diesen Prozess verstärkt und beschleunigt. Auch zu mir ist er inzwischen unterkühlter und teilt seine Gefühls- und Gedankenwelt weniger mit mir. Obwohl ich um die Gründe weiß, bin ich trotzdem manchmal wütend, dass der alte Tim nicht mehr so sichtbar ist hinter seiner neuen, verschlosseneren Art. Zum Beispiel, wenn er mit uns in der Stube sitzt, aber statt etwas mit uns zu machen, in seinem Smartphone versinkt und uns kaum wahrnimmt. Er sagt, für ihn seien Familienmomente so selten geworden, dass er seine Ansprüche inzwischen heruntergeschraubt habe und es ihm schon reiche, einfach nur mit uns zusammen zu sein. Darüber vergisst er dann eben manchmal, dass wir mehr von ihm erwarten – und auch brauchen. Als Paar und als Eltern müssen wir immer wieder unser Miteinander ordnen, definieren und wieder neu zueinanderfinden.

Am Samstagabend kommt Tim völlig erledigt von der AHu zurück zum Abschnitt. Über zehn Stunden stand er im Regen, war durchnässt und fror. Nun brauchte er dringend einen warmen Kaffee und eine Dusche. Immerhin sind die Duschen jetzt wieder benutzbar, nachdem sie über Jahre erst stark sanierungsbedürftig und schließlich ganz defekt waren. Für den «Geht so»-Kaffee, wie Tim ihn nennt, legen alle Kollegen monatlich zusammen. Nach einem kurzen Plausch mit Kollegen im Aufenthaltsraum mit einem Sofa aus den 90ern, damals schon gebraucht, Wänden, die seit dem Bau des Gebäudes nie wieder neue Farbe zu sehen bekamen, und einem hässlichen Kunstdruck, den irgendwann vor Jahrzehnten mal irgendjemand an die Wand klebte, vermutlich in der Hoffnung, dem kargen, heruntergekommenen Raum etwas Gemütliches zu geben, packte Tim seine Sachen zusammen und machte sich auf den Weg nach Hause. Hier fällt er nach der Begrüßung wortkarg auf die Couch und versinkt erst einmal im Smartphone. Schon seit einiger Zeit sieht er ausgemergelt aus, er ist schmaler geworden, die Augenringe tiefer. Ich überlege, ob er nach dem Regen krank wird, ertappe mich, wie ich mich fast freue, weil er dann mal etwas zu Hause wäre. Aber er wird nicht krank. Das wird er nie.

Nach einer gewissen Zeit spreche ich ihn an: «So, nun leg mal das Telefon weg und verbring noch etwas Zeit mit uns», hole ich ihn in unsere Welt zurück. «Wie war denn Annas Feier?» Schön sei es gewesen, sehr lustig und für die anderen feuchtfröhlich. Er war dann doch länger als geplant geblieben, eben weil es so guttat, die Freunde und vor allem Anna mal wieder zu sehen. Das bedeutete nur leider auch, dass er nur etwa vier Stunden Schlaf hatte, da er ja schon mitten in der Nacht wieder zum Dienst musste. Der Dienst war lahm – Rumstehen, wie immer – der Regen ätzend.

Dann erzählt Ben von seinem Tag mit Mama und zeigt seine heutigen LEGO-Werke vor, wobei er erklärt, was er so superdringend noch alles von LEGO brauchte. Und so sind in wenigen Sätzen die letzten 24 Stunden, die wir zwar in derselben Stadt, aber nicht miteinander verbracht haben, zusammengefasst.

Viel mehr passiert nicht mehr, da Tim nach dem Abendbrot auf der Couch einschläft und sich von da aus nur noch ins Bett schleppt. Morgen ist wieder Tagschicht, zwölf Stunden, weil es ein Sonntag ist. Ben und sein Papa werden sich auch an diesem Tag nur morgens kurz sehen können. Am Abend, wenn Tim nach Hause kommt, wird der Kleine schon schlafen.

Die Sache mit den Kindern

Irgendwann sitzen wir an einem Abend zusammen, Ben ist nach einem anstrengenden Tag auf der Couch eingeschlafen, und wir haben einen der wenigen besinnlichen Familienmomente. Ich schaue Tim dabei zu, wie er verliebt über den kleinen Kopf unseres Sohnes streicht. Und dann überfällt er mich wieder, der Wunsch nach einem weiteren gemeinsamen Kind. In den letzten Jahren haben wir oft darüber gesprochen, sind uns beim Wunsch grundsätzlich einig, aber die Umstände schrecken uns immer wieder ab. Tim ist dabei skeptischer als ich. Er hat schon wenig von seinem Sohn, während ich den Familienalltag größtenteils allein bewältigen muss, und ihm ist nicht wohl dabei, noch eine Zusatzbelastung zu schaffen, die ich überwiegend allein meistern müsste. Diese Überlegungen habe ich natürlich auch. Ich bin oft genug am Ende des Tages völlig erledigt und nach den langen Wochen, in denen Tim unablässig arbeiten muss, meist ausgebrannt. Dazu kommt, dass Tims Job nicht selten als Problemstifter und Problemverstärker wirkt, sodass wir schon durch einige Krisen gingen, in denen unsere Beziehung ernsthaft auf dem Spiel stand. Ich weiß auch aus Erfahrung, dass ein Baby vor allem zu Beginn meist nicht sonderlich zur Glückseligkeit in einer Beziehung beiträgt. Und so tragen wir beide unzählige «Aber» vor uns her und können uns weder für ein eindeutiges Ja noch ein Nein entscheiden.

«Vielleicht sollten wir einfach das Schicksal entscheiden lassen», sage ich dann später, als wir ins Bett gehen. «Willst du eine Münze werfen, oder was?», fragt Tim belustigt. Ich finde so etwas gar nicht so dumm. Nicht weil ich mich auf einen Münzwurf oder Ähnliches verlasse, sondern weil das gefallene Ergebnis immer eine Reaktion hervorruft, die einem verdeutlichen kann, wie man dazu steht. Ich habe so schon einige Male meine wirkliche Einstellung bei schwierigen Entscheidungen klarer erkennen können. Wir warfen an diesem Abend keine Münze, auch später nicht.

Nach dem gemütlichen Abend beginnt Tims nächste Schicht mit einer guten Nachricht: Er erhält endlich eine passende Schutzweste. Die, die er vorher hatte, war zu groß und behinderte ihn im Alltag, auch weil sie ihm beim Sitzen im Streifenwagen immer in den Hals schnitt. Es waren ja auch «nur» fünf Jahre, die er auf eine passende Weste hatte warten müssen.

Doch schon am Abend gibt es wieder Grund zum Frust. Schlecht gelaunt kommt Tim an diesem Tag nach Hause und macht seinem Ärger auch schnell Luft.

In einem Baumarkt würden offensichtlich bandenmäßig immer wieder kleine, aber sehr hochwertige Dinge gestohlen, was schnell zu einem Schaden von mehreren tausend Euro führte. Wieder einmal wurde ein vermeintlich 16-Jähriger dabei aufgegriffen und nun an die Polizei – also Tim und seine Kollegin – übergeben. Ob der junge Mann wirklich noch minderjährig ist, lässt sich nicht eindeutig feststellen, da er nicht aus Deutschland kommt und hier auch keinen festen Wohnsitz hat. Tim telefonierte sich die Finger wund, aber obwohl der junge Mann schon mehrmals wegen genau dieses Delikts aufgegriffen worden ist, war niemand wirklich für den Fall zuständig. Also blieb Tim nichts anderes übrig, als die x-te Strafanzeige zu schreiben und ihn wieder laufenzulassen. «Erfahrungsgemäß stellt die Staatsanwaltschaft das Verfahren aber wieder ein, der Typ kommt also auch dieses Mal ohne Konsequenzen davon und wird ganz sicher bald wieder etwas im Laden mitgehen lassen», erzählt Tim gefrustet. Viel Arbeitszeit für die Tonne und das Gefühl, dass einige Kriminelle machen können, was sie wollen. Zudem immer wieder die blöde Situation, den Geschädigten sagen zu müssen, dass die Polizei da nichts unternehmen kann. Tim macht das wahnsinnig. Das hat er sich damals bei der Einstellung anders vorgestellt, und so etwas schafft Frust.

Ich werde nie meinen ersten Verkehrsunfall vergessen: Wir waren noch jung und waren mit einem alten Auto unterwegs, das bereits durch zwei Generationen in der Familie weitergegeben worden war. Da fuhr uns an einer roten Ampel jemand hinten auf und schob uns über die Kreuzung. Ich war ratlos und vollkommen überfordert, stand unter Schock. Die Polizisten, die dann kamen, trugen mit ihrem freundlichen und verständnisvollen Auftreten enorm dazu bei, dass ich mich etwas beruhigte, und sie erklärten mir, obwohl sie das gar nicht hätten machen müssen, was nach einem Unfall alles zu beachten und zu erledigen sei. Auch auf den Verursacher, der ebenfalls aufgewühlt war und sich sehr über sich selbst zu ärgern schien, gleichzeitig wahrscheinlich auch fürchtete, was nun auf ihn zukäme, wirkten sie in positiver Weise ein. Am Ende konnten wir sogar ein wenig miteinander scherzen. Das feinfühlige, aber dennoch bestimmte und kompetente Auftreten der Polizisten hat damals auch Tim nachhaltig beeindruckt.

Heute, wo er selbst Polizist ist, ist es Tim wichtig, ebenso helfen zu können. Erst vor kurzem hatte er im Dienst mit einem jungen Mädchen zu tun, das ein parkendes Auto gestreift hatte und nun völlig aufgelöst war. Tim konnte sie beruhigen, und am Ende konnte sie sogar wieder lachen. Ich sah den Stolz in seinem Gesicht, als er mir davon erzählte, wie überschwänglich die junge Frau sich am Ende bei ihnen bedankt hatte. Wie sehr mich das an unseren ersten Unfall erinnerte! Die beiden Polizisten von damals werden nicht mal im Ansatz vermuten, dass ich nach all den Jahren noch immer sehr dankbar an sie zurückdenke. Für sie war mein Unfall Alltag und einer von Hunderten. Vermutlich sind es aber oft diese kleinen Dinge, die den schwierigen und aufreibenden Beruf des Polizisten aufwerten. So nehme ich es zumindest bei Tim wahr.

Überhaupt nimmt Tim das Helfen immer sehr ernst. Eine Geschichte, an die ich da sofort denken muss, hat mit einem Jungen und einem vermeintlich Pädophilen zu tun. Eigentlich sollte Tim Ben an dem betreffenden Nachmittag abholen und mit ihm zum Sport gehen. Dann schickte er mir jedoch eine Nachricht, dass er es heute nicht rechtzeitig schaffen werde und ich übernehmen müsse. Im ersten Moment war ich genervt, da das nun für mich bedeutete, aufgrund meines langen Arbeitsweges quasi alles stehen- und liegenzulassen und umgehend loszufahren. So hetzte ich zur Bahn und von dort zur Kita, um es im Anschluss pünktlich mit Ben zum Sport zu schaffen. Ich war gestresst und verärgert, und es half auch nicht gerade, dass Ben sauer war, dass ich mit ihm zum Sport ging und nicht, wie versprochen, Papa. Ich kenne natürlich die Umstände von Tims Beruf, und kurzfristige Überstunden gehören nun einmal dazu – aber manchmal nervt es einfach nur.

Später, als wir uns alle zu Hause treffen, bin ich noch immer genervt. «Ben war ziemlich enttäuscht, dass du nicht gekommen bist», sage ich und weiß, wie fies das ist, da Tim solche Absagen versprochener gemeinsamer Zeiten ebenso blöd findet wie Ben und ich. Leider schaut sich Ben mein Stänkern ab und ist ebenfalls fies zu Tim. Er reagiert patzig und will nur von mir die Zähne geputzt bekommen, gewaschen und ins Bett gebracht werden. Tim erträgt es, obwohl er sonst durchaus ärgerlich reagiert – nicht zu Unrecht. Erst spätabends, als Ben schläft und wir zu zweit erledigt und schweigsam auf dem Sofa sitzen, beginnt Tim zu erzählen.

Kurz vor Dienstschluss bekamen sie einen Einsatz rein, bei dem es um einen verschwundenen Zwölfjährigen ging, und es war keine Frage, dass sie sich sofort auf den Weg machten, ihn zu suchen. «Feierabend ist da nebensächlich», sagt Tim, und ich bekomme ein schlechtes Gewissen. An Brisanz gewann das Verschwinden, als die Eltern des Jungen erzählten, dass er ständig mit einem weit über vierzigjährigen Nachbarn zusammen sei. Als die beiden diesen Nachbarn daraufhin aufsuchten, ging der sofort in die Offensive und erzählte, er sei verurteilter Pädophiler und habe nun Angst, Probleme zu bekommen. Dabei wolle er dem Jungen nur helfen und deswegen könne der immer zu ihm kommen. Er habe ihm nichts getan. Ich schlucke schwer.

Während die beiden Beamten noch ermittelten, tauchte der Junge plötzlich unversehrt wieder zu Hause auf. Tim merkte sofort, dass dem Jungen etwas auf der Seele brannte, und zog sich mit ihm zurück, um zu reden. Schnell stellte sich heraus, dass es große Schwierigkeiten in der Familie gab und der Nachbar mit seinen Neigungen gar keine Rolle spielte. Lange unterhielten sich die beiden, der Junge weinte und Tim hörte zu, versuchte Zuversicht und Halt zu geben. Im Gespräch mit den Eltern wurde dann klar, dass es ein riesiges Kommunikationsproblem zwischen ihnen und ihrem Sohn gab. Der Junge weinte, fühlte sich missverstanden und litt darunter, dass ihm niemand so wirklich glaube. Leider lüge er aber auch sehr viel, gestand er. So war Tim über Stunden eher Sozialarbeiter, konnte am Ende für die Familie aber wirklich etwas erreichen. Und dafür brauchte er Zeit. Zeit, die uns als seiner Familie dann eben fehlte. Ein ambivalentes Feld. Natürlich möchten wir nicht noch mehr Zeit an andere abgeben müssen. Aber es ist wichtig und großartig, wenn Tim wirklich helfen kann. Und es kann essenziell für die sein, denen Tim beisteht. Wer weiß, wie sonst die eine oder andere Situation für sie ausgegangen wäre?

Vor allem Fälle mit Kindern und Jugendlichen gehen Tim besonders nah. Zu meinem Seelenheil reden wir über die schlimmen Fälle nicht. Ich bewundere hier die Stärke der Polizisten, die Stärke von Tim. Den Stress und den Ärger, aber vor allem das Elend, das man im Berufsalltag erlebt, muss man ertragen können. Und doch, egal wie gut man von vornherein dazu geeignet ist – niemand bleibt mit diesem Beruf der Gleiche. Dass Tim härter und verschlossener wurde, ist unsere Herausforderung. Während wir mal eine Dokumentation über die Hamburger Polizei sahen, erlebte ich einen aufschlussreichen Moment. Ich stellte während der Doku viele Fragen, und – ich weiß gar nicht mehr, um was es im Einzelnen ging – irgendwann sagte Tim: «Ich kann nicht jeden an mich heranlassen, denn nicht für jeden geht es am Ende gut aus.» Dieser Satz war für mich sehr eindrücklich. Zum einen erklärte er, warum Tim seine Emotionen zu vergraben scheint. Mir war natürlich davor schon klar, dass der Beruf einfach abhärtet. Nun war Tim auch eh schon immer der Mensch, der Kummer und Sorgen mit sich selbst ausmacht. Aber dass nach und nach auch viele andere Emotionen etwas verblassten, war und ist für mich durchaus schwer zu verkraften. Dieser eine Satz aber führte mir plötzlich seine empfindsame Seite wieder vor Augen, die er jetzt so oft versteckte. Er hätte ja auch sagen können, ist mir doch egal, was mit denen am Ende ist, ich mache meinen Job und fertig. Aber eben weil ihm die Schicksale nahegehen, eben weil er all diese Gefühle hat, muss er sich schützen. Deswegen zieht er sich in sich zurück. Und das lässt sich dann natürlich auf Dauer auch zu Hause nicht wie auf Knopfdruck wieder rückgängig machen.

So klein dieser Moment auch zu sein schien, für mich bedeutete er, Tims Verhalten besser verstehen zu können. Ich zog daraus wieder die Kraft, auch diese Konsequenz für unsere Beziehung besser ertragen zu können. Deswegen interessiere ich mich auch sehr für seinen Beruf und all das Drumherum. Ich möchte durch das Eintauchen in seine Welt zumindest ein bisschen verstehen können, wie sie ist und was sie mit ihm macht.

Solche Momente erinnern mich auch immer wieder daran, nicht zu viel von ihm zu fordern. Tim – und sicherlich erleben das viele Polizisten mit Familien ähnlich – kommt nach einem langen und fordernden Arbeitstag nach Hause und wird sofort wieder mit Erwartungen konfrontiert. So nach dem Motto: Du bist jetzt zu Hause, also beschäftige dich mal mit uns, jetzt hilf mal hier und da im Haushalt, jetzt geh du aber endlich mit dem Kind zu der und der Veranstaltung, jetzt bleib du mal da und pass aufs Kind auf, damit ich mit meinen Freunden etwas machen kann. Hier muss man dringend aufpassen, keine Fronten aufzumachen. Wenn ich den ganzen Tag nur am Hin-und-her-Hetzen bin, um Arbeit, Kind, Haushalt und alles Weitere am Laufen zu halten, dazu die gesamte Koordinierung unseres

Familienlebens leiste und irgendwann auch noch den Moment finden muss, irgendwie an mein eigenes Wohlergehen, an meine Freunde und Hobbys zu denken, um dann festzustellen, dass ich diesen Termin außerhalb meiner Kernarbeitszeit nicht wahrnehmen kann, der besten Freundin zum dritten Mal hintereinander absagen muss und bei Hobbys eigentlich gerade noch so weiß, wie das Wort geschrieben wird, weil es sonst aus Zeitgründen keine Rolle mehr in meinem Alltag spielt, dann kommt immer mal wieder der Punkt, wo es einfach zu viel ist. Tim und ich bemühen uns, mit unseren Grenzen und Bedürfnissen, aber auch Schwierigkeiten offensiv umzugehen, offen zu reden, auch wenn es einmal unbequem wird oder weh tut. Und dazu gehört, verständnisvoller aufeinander zuzugehen.

Ich zeige es im Alltag, indem ich zum Beispiel nicht ärgerlich bin, weil ich gekocht habe, dann aber aufgrund von Überstunden vergebens auf das Erscheinen von Tim warte. Stattdessen esse ich einfach in Ruhe mit Ben, und wenn Tim kommt, begrüße ich ihn herzlich und sage: «Ich habe gekocht, soll ich dir etwas warm machen?» Ein Patentrezept gibt es – wie bei allem im Leben – aber vermutlich nicht. Meinen Blickwinkel aber dahingehend zu verändern, dass auch an Tim eine ganze Menge Erwartungen von allen Seiten herangetragen werden, hat uns als Paar sehr geholfen und Entspannung in vielen Konfliktsituationen gebracht.

Ich kann mir vorstellen, dass es enorm wichtig für ihn ist, nach der vielen Anstrengung und auch Ablehnung im Berufsalltag einfach mal liebevoll behandelt zu werden. Einfach so. Anerkennung und Liebe. Halt und Wärme. Ich habe oft das Gefühl, dass ich ihm mit offenen Armen manchmal mehr helfe als mit offenen Ohren. Reden kann er mit Kollegen, vor allem über die ganz fiesen Sachen. Aber geliebt zu werden und sich fallen lassen zu können, auch mal schwach sein zu dürfen, dafür bin ich da. Das ist der sichere Hafen, den wir als Familie ihm bieten. Bedingungslos.

Der Tod gehört dazu

Am frühen Nachmittag werde ich von der Kita angerufen. Ben gehe es nicht gut, ich solle ihn bitte abholen kommen. Da ich eine Stunde brauche, schreibe ich Tim. Er ist näher dran und könnte schneller da sein als ich, wenn es sein Dienst zulässt. Wir haben die Abmachung, dass ich nur anrufe, wenn wirklich etwas Schlimmes geschehen ist. Auch wenn er in einem solchen Moment nicht ans Telefon gehen kann, weiß er bei einem verpassten Anruf, dass er dringend gebraucht wird. Alles andere klären wir über Nachrichten. Da es zum Glück kein Notfall ist, ich mich eh losmache und nur die Möglichkeit überprüfen wollte, ob Tim vielleicht früher da sein könnte, reicht eine Nachricht. Er kommt offenbar nicht einmal dazu, sie zu lesen. Also hetze ich mal wieder durch die Stadt, verfluche zum hundertsten Mal die S-Bahn, weil sie wie so oft aufgrund von Signalstörungen ausfällt, und komme schließlich genervt nach über einer Stunde in der Kita an.

Da sitzt er, mein Kleiner. Während die anderen Kinder wild um ihn herum spielen und toben, sitzt er still und blass mit seinem Kuscheltuch im Arm auf einer Bank und ist nur mehr ein kleines Häufchen Elend. «Schau mal Ben, deine Mama ist da», sagt die Erzieherin, die bei ihm sitzt. Sofort beginnt sein Blick, mich zu suchen. Als er mich entdeckt, wird der Blick noch leidender. Ich nehme ihn in den Arm und merke sofort, dass er vor Fieber glüht. Kurz erzählt mir die Erzieherin, was sie über Ben und seinen Zustand weiß. Die eigentliche Gruppenerzieherin hat bereits Feierabend. Ich bitte sie, auszurichten, dass Ben dann morgen definitiv nicht kommen und ich mich noch einmal melden werde.

Aus meinem Arm will Ben nicht mehr weg, so trage ich ihn, so gut es geht, zur Bahn und dann nach Hause. Hier stecke ich ihn erst einmal in seinen Schlafanzug und mache Tee, während ich kurz im Büro Bescheid sage, dass ich mich für den nächsten Tag wegen Ben krankmelden muss und mich noch einmal melde, wenn weitere Tage erforderlich sind. Dann bin ich ganz für Ben da. Nach einiger Zeit in meinem Arm werden die Augen schwer und er schläft ein. Nun nehme ich das Smartphone, checke ein paar Mails und erledige einhändig noch ein paar berufliche Aufgaben, die durch mein zeitigeres Gehen liegengeblieben sind. Außerdem schreibe ich Tim: Alles gut so weit, bin mit unserem kranken Kleinen jetzt zu Hause – und das wohl auch noch etwas länger. Dass Tim sich wegen Ben krankschreiben lässt, käme nur in Frage, wenn es bei mir beruflich durch einen enorm wichtigen Termin nicht anders ginge. In der Regel besprechen wir diese Option auch gar nicht erst. Der Personalstand seines Abschnittes lässt es eigentlich nicht zu, kurzfristig zu fehlen. Da auch meine Woche zwar mehr als Vollzeit und fünf Arbeitstage brauchte, damit ich alles schaffe, ich aber zumeist recht unkompliziert von zu Hause aus arbeiten kann, bleibe eben ich daheim und arbeite von hier, so wie es die Krankheit meines Kleinen zulässt.

Auch nach Stunden noch keine Reaktion von Tim. Kurz nach seinem eigentlichen Feierabend meldet er sich, sagt Bescheid, dass er einen stressigen Tag gehabt habe und jetzt noch die Einsatzdokumentationen und Strafanzeigen schreiben müsse. Es werde später, aber er beeile sich. Nach etwas über einer

Stunde kommt er dann und wendet sich sofort Ben zu. Der ist inzwischen wieder auf meinem Schoß eingeschlafen und glüht vor sich hin. Wir nutzen die Zeit, um über den Tag zu reden. Neben vielen anderen Fällen musste Tim heute wieder einmal bei einer Leiche auf den Bereitschaftsarzt warten. Da es in ganz Berlin nur eine Handvoll von ihnen gibt und sie auch noch viele weitere Aufgaben haben, kann es schon einmal dauern, bis der Bereitschaftsarzt kommt. Dieser Tote wurde gefunden, weil sein Nachbar unter ihm einen seltsamen dunklen Fleck an der Decke bemerkte, der über die vergangenen Tage größer geworden war. Tim und seinem Kollegen war ziemlich schnell klar, was die Ursache sein könnte – und es sollte sich in der Wohnung bestätigen.

Während andere Männer Alltagsgeschichten aus dem Büro erzählen, reden wir doch recht häufig über Leichen. Der Umgang mit Tod und Toten ist für Tim trauriger Berufsalltag, also gehört es irgendwie dazu, auch darüber zu reden. Der Tod ist inzwischen Teil unseres Familienalltags geworden. Jeder Berufsalltag findet Eingang ins Privatleben. Aber bei uns geht es nicht um Bürotratsch oder Zeitdruck, sondern oft um Gewalt, Leid, Leben und Tod.

Manchmal ist Tim sehr blumig in seinen Beschreibungen. Inzwischen weiß ich, dass Menschen recht häufig auf der Toilette zu sterben scheinen. Nicht unbedingt ein Ort, wo man sich sein Ableben vorstellt. Oder wo man von Angehörigen und Rettungskräften gefunden werden will. Inzwischen kenne ich die verschiedenen Verwesungszustände, die ein Leichnam durchläuft. Tim hat so ziemlich alles schon vorgefunden.

Obwohl er heute relativ abgeklärt mit solch einer Situation umgehen kann, war sie doch gewöhnungsbedürftig. Als er während des Studiums zum ersten Mal in die Pathologie ging, erlebte er eine Mischung aus Faszination und Unwohlsein. Ich werde nie vergessen, wie er mir – ich war total neugierig und wollte alles wissen – danach erzählte, dass das Verstörendste für ihn weder Geruch noch Aussehen einer Leiche gewesen sei, sondern einen Menschen anzufassen und kalte Haut zu spüren. Auch wenn einem die Logik hinterher sage, dass das klar sei. Aber man erwarte das einfach nicht, weil man es nicht gewohnt sei. Menschen sind immer warm, auch wenn sie mal kalte Hände oder Ähnliches haben. Das sei aber eine andere Kälte als die der Toten, erklärte Tim.

Den Leichengeruch brachte er sogar einmal unfreiwillig mit zu einer Familienfeier, ebenfalls während seines Studiums. Die Anwärter müssen verschiedene Praktika absolvieren. Als zukünftiger Schutzpolizist wollte Tim auch einmal bei der Kriminalpolizei reinschnuppern und machte daher eines der Praktika bei der Kripo. Während Ben und ich auf einer Geburtstagsfeier waren, war Tim bei einem längeren Einsatz mit einer Leiche. Da die Kripo keine Uniform hat, sondern in privaten Sachen arbeitet, kam Tim anschließend zur Feier nach, ohne zu wissen, was er für eine Überraschung mitbrachte. Der Geruch war intensiv und sehr eigentümlich, irgendwie süßlich, aber furchtbar widerlich. Ohne diesen Geruch je zuvor in der Nase gehabt zu haben, wusste ich doch instinktiv: Das musste Leichengestank sein! Da halfen nur das sofortige Organisieren von Wechselklamotten und eine ausgiebige Dusche. Die Sachen haben wir dann in einem fest verknoteten Müllbeutel mit nach Hause genommen, wo Waschen mit viel Weichspüler dem Geruch schnell den Garaus machte. Die Familie nahm es mit Humor und hatte für die nächste Zeit eine schöne Anekdote.

Indirekt habe ich vermutlich auch schon Bekanntschaft mit einer Leiche gemacht, die bereits den Aggregatzustand zu verändern begann. Irgendwann fand ich eine Uniform in einer Tüte vor der Waschmaschine. Da ich sowieso waschen musste, wollte ich sie einfach dazuschmeißen. Da ich wieder gefühlt 300 Sachen gleichzeitig im Kopf hatte, dachte ich gar nicht weiter darüber nach, warum sich die Sachen wohl in einer Tüte befanden. Während ich die Tüte dann aber aufknotete, begann ich doch, diesen Umstand zu hinterfragen. Da war es allerdings bereits zu spät. Ein einziger Moment reichte, der Geruch war eindeutig. Schnell knotete ich die Tüte wieder zu und entschied mich dagegen, diese Sachen mit den anderen zusammen zu waschen. Als ich mich ihnen später noch einmal widmete und sie tapfer auspackte, bemerkte ich dann an der Hose einige Flecken und bekam sofort einen Würgereiz. Also rollte ich alles schnell wieder zusammen und stopfte die Sachen zurück in die Tüte, knotete sie zu und riss das Fenster auf. Im Nachhinein betrachtet, hatte mein Verhalten schon etwas Slapstickartiges ...

Das Reinigungspersonal um die Ecke ahnte sicher Schlimmes, als ich mit der Tüte kurz darauf dort auftauchte. Sie hatten bereits Blutflecken aus den Hemden meines Mannes gewaschen, an denen ich gescheitert war, nun gab's etwas Neues. Doch die Dame reagierte entspannt, sicherlich nicht glücklich ob des Geruchs, aber sehr professionell. Ich sagte ihr, dass ich neben dem Geruch auch Flecken an einem Hosenbein entdeckt hätte, aber bisher nicht hätte rückfragen können, ob es war, was ich vermutete. «Kriegen wir hin», war die Antwort, dann verschwand sie mit der Tüte im hinteren Bereich der Wäscherei.

Und sie kriegten es hin.

Tim war es später sichtlich unangenehm, als ich ihm davon erzählte. Dass die Tüte dort lag, war keinesfalls eine Aufforderung, mich darum zu kümmern, sagte er. Er habe sie abgelegt und dann schlichtweg vergessen, vermutlich aufgrund der Müdigkeit. Ich war ihm nicht böse, warum auch?

Nun wollte ich aber wissen, was passiert war. Die Geschichte war schnell erzählt: Ein älterer Herr war allein in seiner Wohnung verstorben und lange nicht entdeckt worden, weshalb er bereits ziemlich verwest war, als die Polizisten eintrafen. Dass er Flecken an der Hose hatte, sei ihm gar nicht aufgefallen, sagte Tim. Wahrscheinlich seien die drangekommen, als sie nach Ausweisdokumenten gesucht hätten. Oder auch nicht. Da ich mir die Flecken nicht genauer angeschaut hatte, kann es natürlich auch Dreck von der Straße oder was auch immer gewesen sein.

Denke ich an diese Geschichte zurück, erlebe ich ein Wechselspiel aus Unwohlsein und schwarzem Humor. Auch wir Angehörige müssen einen Weg der Bewältigung finden. Dabei eine Lösung für mich selbst zu suchen ist eine Sache. Mich beschäftigt aber auch, was ich Ben vorlebe und ihm an Strategien mitgeben kann, und vor allem, wie Tim mit alldem umgeht und zurechtkommt.

Tim sagt, dass es weniger die Toten selbst seien, die ihn beschäftigen. Sie würden zur Normalität. Die Herausforderung seien die Geschichten dahinter und vor allem trauernde Angehörige. Wie er es schafft, solche Erlebnisse in der Häufigkeit auszuhalten, fragte ich Tim einmal. «Ich sehe nicht das Schreckliche daran, sondern das Notwendige.» Und er versuche, den Toten durch sein Handeln Respekt zu erweisen und die Hinterbliebenen zu unterstützen. Das sei sein Trick, um es besser verarbeiten zu können.

Auch Anna erzählte mir mal von einer Begebenheit, die mir sehr deutlich machte, wie hart es für Polizisten werden kann. Irgendwann kam der Moment, an dem Anna zum ersten Mal eine Todesnachricht überbringen musste. Zwar hatten sie ein solches Gespräch in der Ausbildung geübt, aber keine Situation gleicht der anderen. Man muss auf alle Eventualitäten gefasst sein, denn jeder Mensch reagiert in einem solchen Ausnahmezustand anders. So besprach sie sich erst intensiv mit ihrem Kollegen, mit dem sie an diesem Tag zusammen auf Streife war, bevor es losgehen sollte. Die ältere Dame, der sie mitteilen mussten, dass ihr erwachsener Sohn verstorben war, brach zusammen und konnte lange Zeit nichts anderes, außer bitterlich zu weinen. Die ganze Zeit über standen die beiden Polizisten ihr bei, auch wenn sie größtenteils nur schweigend an ihrer Seite sein konnten.

Anna erzählte mir, wie sehr sie einige Male hätte schlucken müssen, weil ihr das Leid der Frau so naheging, und wie sehr sie sich konzentrieren musste, professionell zu bleiben. Todesnachrichten zu überbringen mache sie auch heute noch fertig, da man immer etwas zerstöre, was bis eben noch gut war.

Als die Frau sich wieder etwas gefasst hatte, klärten sie ein paar Fragen und besprachen die Dinge, die nun wichtig waren. Was Anna dann aber wirklich zusetzte (und sie sagte, dass sie das nie wieder vergessen würde), war, als die ältere Dame sie fest ansah und fragte: «Das muss doch auch für Sie nicht schön sein, oder?» Anna schluckte und antwortete: «Ganz ehrlich? Das ist mein erstes Mal.» Die Frau lehnte sich zu ihr hinüber, gab ein mitfühlendes «Och» von sich und strich Anna vorsichtig über die Wange. Während die alte Dame den vermutlich größten Verlust ihres Lebens zu verkraften hatte, war sie voller

Mitgefühl den beiden Polizisten gegenüber. Anna war – und ist noch immer – völlig überwältigt von diesem Moment.

Manchmal frage ich mich, ob Tim der Tod bei alldem, was er erlebt, nicht irgendwie Angst macht. Doch in dieser Hinsicht ist er überraschend entspannt. «Klar möchte ich nicht unbedingt vom Klo gepflückt werden, aber die verschiedenen Gesichter des Todes zu kennen hat mir eher geholfen, damit umzugehen», erklärt Tim unaufgeregt. Ich finde diese Antwort überraschend, aber auch einleuchtend: Angst hat man oft vor dem Ungewissen, vor dem, was man nicht kennt. Der eigene Tod ist so gewiss wie nichts anderes im Leben, nur Zeitpunkt und Umstand kennt man nicht. Weiß man um deren Facetten, scheint das entspannend zu sein.

Müde und erschöpft

Ben hat es tatsächlich so schwer erwischt, dass ich den Rest der Woche mit ihm zu Hause bleiben muss. Auch wenn mich solche Situationen immer stark unter Druck setzen, weil ich dann nicht mein Arbeitspensum leisten kann und meine Kollegen vieles abfangen müssen, steht Bens Gesundheit immer im Vordergrund. Und ich bemühe mich auch, diese gemeinsame Zeit zu genießen. Jetzt umso mehr, denn in den letzten Monaten war es wieder so, dass bei Tim das Durcharbeiten von neun Tagen und nur einem Tag frei zwischendrin Standard war. Außerdem schien er einige Einsätze gehabt zu haben, die an die Substanz gingen.

Tim ist ziemlich ausgebrannt. Er klagt über einen stark verspannten Nacken, sieht fahl und müde aus, ist noch schmaler geworden und auch schmallippig. Er wirkt in sich zurückgezogen, ruhig und ist etwas teilnahmslos was den Familienalltag angeht.

Das sind die Zeiten, in denen es auch für uns als Familie schwierig wird, da es doch einiges an Fingerspitzengefühl bedarf, den richtigen Weg aus diesem Tief zu finden. Also warte ich ein paar Tage, wie es sich entwickelt und ob Tim von allein wieder mehr zu uns findet. Währenddessen bemühe ich mich verstärkt, schöne Familienmomente zu schaffen, die Glück und Erholung bewirken. Es reichen schon die ganz kleinen, in denen ich Tim und Ben zum gemeinsamen Toben animiere, wobei sich beide etwas auspowern können, sich auch körperlich nah sind und es gleichzeitig immer viel zu lachen gibt. Ebenso klein, aber kostbar ist ein gutes Essen. Abends bei einem Lieblingsessen ganz in Ruhe ohne Zeitdruck zusammenzusitzen und seine Gedanken auszutauschen, schaffen wir viel zu selten. Und ich bemühe mich, Tim im Alltag wieder näherzukommen. Auch das geht im Alltagsstress viel zu oft unter. So suche ich verstärkt auch mit kleinen Gesten seine Nähe, streichele ihn, drücke ihn einfach. Anstatt anzumerken, dass er sich gerade total zurückzieht und ich vermisse, dass er mal die Initiative ergreift und z. B. zum Kuscheln auf uns zukommt, gehe ich halt einfach auf ihn zu. Während dieser Tage beobachte ich ihn genau und höre zu, frage nach, um die Ursache seines Rückzuges zu ergründen. Meist muss ich jedoch nicht lange suchen. Die Erschöpfung ist es auch dieses Mal wieder. Und auch wenn er immer wieder Kraft tanken kann und auf die Beine kommt, etwas davon bleibt und vergrößert die grundsätzliche Erschöpfung mit jedem Tief nur mehr.

Ein junger, gesunder und sportlicher Mann, Mitte 30, der jetzt schon mit körperlichen Problemen wie chronischen Nackenschmerzen, schlechtem Schlaf und starker Erschöpfung zu kämpfen hat – da schrillen die Alarmglocken. Tim ist nah am Ausbrennen, und das, obwohl er in keiner Weise ein kränklicher oder schwacher Typ ist. Ganz im Gegenteil ist er so gut wie nie krank. Ich bin fest davon überzeugt, dass es seine Arbeit ist, die ihm bisweilen so zusetzt. Schon die täglich wechselnden Schichten (früh, spät, Nacht) können nicht gesund sein. Ebenso wenig wie der Mangel an echten Auszeiten und Erholungsphasen. Das ist vor allem dem Dienstzeitenmodell geschuldet.

Setzt man sich damit auseinander – oder versucht es zumindest, da es unglaublich undurchsichtig ist –, kann man den

Eindruck gewinnen, dass es grundsätzlich zum Nachteil der Streifenpolizisten geplant ist. Ich bemühe mich gar nicht, das Modell hier umfassend zu erklären, aber ich zeige mal einige Schmankerl auf. Verschiedene Aspekte des Modells kommen so negativ zusammen, dass die Polizisten ihr Stundensoll nur durch eine hohe Anzahl von aufeinanderfolgenden Dienstantritten erfüllen können. Die, die tagtäglich in für die Gesundheit katastrophalen Wechselschichten auf den gefährlichen Straßen Berlins arbeiten und somit umso dringender auf regelmäßige und qualitative Erholungszeiten angewiesen sind, müssen sich einen freien Tag erst erarbeiten: Sie müssen grundsätzlich gegen ein Minus anarbeiten. An den Wochentagen werden automatisch 8,18 Stunden pro Tag vom Stundenkonto abgezogen, ob es nun zu einem Dienstantritt kommt oder nicht. Das wird besonders problematisch bei Nachtschichten: Hier werden knapp 17 Stunden vom Stundenkonto abgezogen, weil die Schicht über die Tagesgrenze geht (2 × 8,18 Stunden). Die Polizeibeamten können aber logischerweise nur ein Mal zu diesem Dienst antreten und auch nur höchstens eine 12-Stunden-Schicht arbeiten. Das Ergebnis ist, dass an beiden Tagen trotz einer 12-Stunden-Schicht das Stundensoll nicht erfüllt wird und auch gar nicht werden kann.

Netterweise sieht die Polizeiführung den sogenannten Ausschlaftag, also den Tag, an dem die Nachtschicht endet, als freien Tag an. Eine interessante Perspektive, denn nach dem Tageswechsel, also ab 00:01 Uhr, geht die Schicht noch sechs Stunden. Ab sechs Uhr früh ist Tim im Feierabend, kommt nach Hause und legt sich hin, um zu schlafen. Statt in der Nacht zu schlafen und dann am Tag sechs Stunden zu arbeiten – wie es für mich Alltag ist –, ist es bei Tim eben andersherum. Somit ist dieser Ausschlaftag ein vollwertiger Arbeitstag, nur mit umgekehrtem Ablauf. Ich finde es höhnisch, dass dieser Tag als frei gewertet wird. Frei ist, wenn ich zu keinem Zeitpunkt des Tages arbeiten muss.

Ein zweiter großer Nachteil für die Polizisten ist, dass nicht einmal alle geleisteten Überstunden automatisch angerechnet werden. Wenn am Ende des Monats die Zeit der Mehrleistung nicht über fünf Stunden geht, verfallen die bis dato gesammelten Stunden einfach. Ich frage mich, wie viele geleistete Arbeitsstunden durch diese unmögliche Regelung den Polizisten geklaut und Behörde und Staat einfach geschenkt werden?

Betrachtet man diese Umstände, erscheinen die rund eine Million Überstunden, die Berlins Polizisten dennoch vor sich herschieben, noch einmal in ganz neuem Licht.

Noch sind es wahrscheinlich das junge Alter und der starke Wille, die Tim immer wieder Kraftreserven mobilisieren lassen, aber wie lange hält das noch? Und wie gesund ist all das am Ende? Welchen Preis wird er, werden wir zahlen müssen?

Es war ein Facebook-Post anlässlich meines Briefes an den damaligen Polizeipräsidenten zu ebendieser Frage, der mich enorm berührte – und auch ängstigte. So schrieb die Ehefrau eines Polizisten, dass ihr Mann mit 50 Jahren ohne gesundheitliche Probleme plötzlich tot umgefallen war. Sie schreibe diesen frühen Tod dem ewigen Schichtdienst, den Urlaubssperren und dem ständigen Frust im Beruf zu. Frust, wie auch mein Mann ihn nur zu gut kennt: Da hat man im Dienst jemanden verhaftet, stundenlang auf der Gefangenensammelstelle (GESA) gehockt und mindestens ebenso lang Papierkram ausgefüllt, und nur wenige Tage später steht derjenige wieder vor einem. Auch das leidige Thema Ausrüstung wird erwähnt. Eindrücklich schildert die Witwe am Ende ihres Posts, wenn sie heute die Kollegen sehe und ihre Arbeit, sei sie froh, dass ihr Mann schon tot sei und vieles nicht mehr erleben müsse. Und auch, dass sie – trotz der Trauer – froh sei, nicht mehr jede Nacht Angst haben zu müssen. Diese ständige unterschwellige, nagende Angst kenne ich nur zu gut. Und ich befürchte, auch Tim könnte einen so hohen gesundheitlichen Preis zahlen müssen und eines Tages einfach tot umkippen. Diese Vorstellung macht mich fertig.

Wir kommen aus dem Kinderzimmer und Tim zieht die Tür bis auf einen Spalt zu. Nach seiner Gutenachtgeschichte und Gutenachtküssen schläft Ben meist unmittelbar ein. Gerade jetzt braucht er auch eine Menge Schlaf, um wieder auf die Beine zu kommen. Ich stehe noch im Flur und wende mich Tim zu. «Du siehst erschöpft aus, wie geht es dir?», frage ich ihn und nehme seine Wange sanft in die Hand. Er lächelt, weiß aber nicht so recht, was er sagen soll. Er sei eigentlich nur müde. Vermutlich ist die Erschöpfung einfach schon ein Teil von ihm. Ich gebe ihm einen Kuss und nehme ihn in den Arm. Manchmal fühlt es sich an, als würde er verschwinden, wenn er wieder schmaler wird, weil kaum Zeit zum Essen blieb in den letzten Tagen, wenn er vollkommen erledigt auf dem Sofa einschläft oder im Smartphone versinkt. Wir halten uns aneinander fest, oft mehr sprichwörtlich als jetzt gerade, wo wir uns einen Moment lang ganz in unserer Umarmung verlieren.

Noch drei Schichten, vier Tage, dann hat Tim endlich einmal zwei freie Tage hintereinander, einer davon ist sogar ein Sonntag. Einen ganzen Tag als Familie zusammen sein können – ich müsste erst im Kalender nachgucken, bevor ich genau sagen kann, wann so etwas das letzte Mal möglich war. Ohne es aussprechen zu müssen, sind diese zwei Tage das nächste große Ziel für uns beide.

Gemeinsam mit Tim einschlafen zu können, so wie an diesem Abend, ist immer ein besonderer Moment für mich. Noch lange höre ich Tim beim Atmen zu und denke über ihn nach. Ich fühle mich irgendwie hilflos, weil ich ihm gerne etwas von seiner Last abnehmen möchte, es aber nicht kann. Ich bin wütend, weil seine Behörde die Polizisten, die tagtäglich auf der Straße sind, so zermürbt. Und ich mache mir Sorgen, weil ich befürchte, dass das ständige Zusammenspiel aus Erschöpfung und Anspannung für ihn im Dienst eines Tages gefährlich werden könnte. Wenn ich völlig erledigt und übermüdet bin, erhöht sich meine Fehlerquote. Bei der Arbeit muss ich manche Dinge dann sogar zweimal machen. Ich fahre jedoch keinen Streifenwagen mit Blaulicht schnell durch den Stadtverkehr und muss dabei selbst aufmerksam sein wie eine Rundumleuchte, um in Sekundenschnelle reagieren zu können. Ich befinde mich auch nie in anderen brenzligen, gar gefährlichen Situationen und muss nicht im Zweifel auf mein Leben und das der anderen achten. Dass ich befürchten muss, dass mein Mann – bei sowieso schon erhöhtem Gefährdungspotenzial durch den Beruf – aufgrund von Misswirtschaft und Fehlorganisation unter die Räder kommt, macht mich unglaublich wütend.

Ich sehe jetzt gerade durch Bens starke Erkältung, wie wichtig wirkliche Regenerationsphasen sind. Ein paar Tage Ruhe und ausreichend Schlaf wirken Wunder. Diesen Luxus hat Tim nicht. Selbst wenn er einmal erkältet ist, nutzt er ausschließlich die wenigen freien Tage, um sich zu erholen. Und ich weiß von vielen Kollegen, die es ebenso lösen. Als Familienvater ist eine wirkliche Erholung aber auch dann nicht gegeben, denn man hat ja trotzdem immer die Verantwortung für Kind und Partner.

Über all diesen Gedanken schlafe ich endlich ein. Bis ein kleines Händchen mich aus dem Schlaf reißt. Ben, der mit müdem Blick und zerzaustem Haar mit seinem Kuscheltuch im Arm schniefend an meinem Bett steht, kann vor Schmerz nicht schlafen. Ich fasse ihn an die Stirn und muss feststellen, dass das Fieber zurück ist. Also gebe ich ihm etwas Fiebersaft und lasse ihn zwischen uns ins Bett schlüpfen. Hier kuschelt sich Ben halb unter meine und halb unter Papas Decke und schläft, doppelt behütet, schnell wieder ein. Sehr selten ist unser Bett so voll. Diese Nacht mit Mama und Papa an der Seite scheint Wunder zu wirken. Am nächsten Morgen ist Ben wieder fit und den Tag darauf gesund. Tim kämpft weiter mit den letzten Kraftreserven. Die zwei freien Tage stehen kurz bevor.

Doch als der freie Sonntag, auf den wir so sehr hingefiebert haben, endlich da ist, liegt Tim flach. Vermutlich hat er sich bei Ben angesteckt. Ich verdonnere ihn zum Ausruhen und beschäftige Ben die meiste Zeit des Tages wieder allein. Aber wir haben Papa zumindest bei uns und können auch mal zwei Mahlzeiten zusammen essen – das ist selten genug.

Am Montag geht für Ben und mich der normale Alltag wieder los. Ich stehe früh mit ihm auf, mache ihm etwas zum Frühstück und kümmere mich um das Anziehen und alles, was morgens eben so anfällt. Alles dauert etwas länger als sonst, weil Ben keine Lust hat, wieder in den Kindergarten zu gehen. Ich würde am liebsten mitbocken, wenn ich daran denke, was in den Tagen, in denen ich mit dem kranken Ben zu Hause war, im Büro an Arbeit liegengeblieben ist und nun neben allem anderen aufgearbeitet werden muss. Ich hatte gehofft, dass ich heute, wo Tim da ist und Ben abholen könnte, ein paar Überstunden einlegen und wieder etwas aufholen kann. Noch kenne ich Tims heutigen Gesundheitszustand nicht, da er sich ausschläft. Nachdem es ihm aber gestern wirklich nicht gutging, gehe ich davon aus, dass er auch heute noch krank ist. Im Laufe des Tages meldet sich Tim zwar und sagt von selbst, er würde Ben nachher abholen. Mir ist aber wichtiger, dass er sich erst einmal erholt. So ziehe ich mein eh schon hohes Tempo noch einmal etwas mehr an und erledige alles. Ben muss heute leider länger in der Kita bleiben.

Nach dem Feierabend geht es eilig zur Kita, da die Schließzeit naht. Jetzt bloß kein Hängenbleiben irgendwo, sonst wird es knapp. Es klappt zum Glück alles mit den Verbindungen. Ben ist mit noch einem weiteren Kind das letzte, das abgeholt wird. Unschön, aber heute nicht anders lösbar. Die Laune ist dadurch nicht die beste, und dass wir auf dem Heimweg noch ein paar Kleinigkeiten für die nächsten Tage besorgen müssen, macht es nicht besser. Ich kann es Ben nur erklären und um Verständnis und Mitarbeit bitten. Und ich bewundere immer wieder, dass dieser kleine Mensch zwar fleißig vor sich hin bockt und die eine oder andere pampige Antwort gibt, sich aber nie sperrt, sondern immer gut mitmacht.

Endlich zu Hause angekommen, verzieht sich Ben müde, erledigt und genervt in sein Zimmer und spielt. Auch Tim findet es nicht gut, dass ich jetzt alles allein übernommen habe. Wenn ich ihn mir aber so ansehe, war der weitere Tag Ruhe absolut notwendig. Noch immer hat er glasige Augen und sieht blass aus. Ich fasse ihn an die Stirn und merke eine erhöhte Temperatur. «Meldest du dich morgen krank?», frage ich. Kein Kommentar.

Die Stimmung beim Essen ist getrübt. Tim fühlt sich nicht gut, Ben ist beleidigt und ich bin erledigt nach einem langen, stressigen Tag. Ich weiß nicht, wie, aber wir bekommen trotzdem noch eine warme und liebevolle Zubettgehstimmung hin. Kurz bevor Ben einschläft, nimmt er meine Hand und hält sie noch einen Moment. Dann fragt er leise, ob ich ihn morgen nicht schon als Mittagskind abholen könne. Natürlich würde ich ihn unglaublich gerne gleich nach dem Mittagessen abholen. Aber momentan schaffe ich das aufgrund des Arbeitspensums leider nicht. Mir tut es leid, dass ich seinem Wunsch nicht nachkommen kann, aber wir schließen den Kompromiss, dass ich diese Woche nicht mehr so spät kommen werde wie heute. So kann mein Kleiner wenigstens mit einem kleinen Erfolgserlebnis einschlafen. Meine Hand lässt er auch beim Einschlafen nicht los.

Als ich wieder in die Stube komme, ist Tim vor dem Fernseher auf dem Sofa eingeschlafen. Ich setze mich kurz dazu und schnaufe durch. Was für ein verschwendeter Tag! Für zwanzig Minuten versacke ich und schaue mit leerem Kopf auf den Bildschirm, ohne wirklich hinzusehen. Dann mache ich das Gerät aus, wecke Tim zärtlich und sage, dass wir jetzt ins Bett gehen. Während wir uns gemeinsam bettfertig machen, bitte ich ihn noch einmal, sich auch morgen noch einen Tag Erholung zu erlauben – er sehe wirklich nicht gut aus. Morgen könne ja schon alles wieder ganz anders sein, erklärt er mit kratziger Stimme. Ich verkneife mir weiteres Argumentieren, immerhin ignoriere auch ich oft genug meine Gesundheit zugunsten des Berufes. Und ich kenne die Erfolgsaussichten, Tim vom Sich-Krankschreiben-Lassen zu überzeugen. Im Bett kuschele ich mich dicht an ihn. Er glüht förmlich und schläft sofort wieder ein.

Am nächsten Morgen, als mein Wecker klingelt, ist Tim nicht mehr da. Wie auch immer es ihm gegangen sein mag, er stand um sechs Uhr früh wieder im Abschnitt. Nicht nur ich bin der Auffassung, dass nur durch diese Aufopferung, die viele Berliner Polizisten freiwillig leisten, der Betrieb überhaupt noch aufrechtzuerhalten ist. Wären sie häufiger mal egoistisch, wer weiß, wie schlimm es dann um die innere Sicherheit stehen würde ... Die Behörde profitiert hier von dem übermäßigen Einsatz der Kollegen – auch füreinander. Und den zeigt Tim auch an diesem Morgen wieder und ist arbeiten gegangen.

Der nächste freie Tag soll in acht Tagen sein.

All das allein ...

An einem Samstagnachmittag – Tim ist schon seit einiger Zeit in der Spätschicht – klingelt es an der Tür. «Polizei. Können Sie uns bitte die Tür öffnen?» Zwei Beamte stehen unten vor der Haustür und bitten um Einlass. Sofort schlägt mein Herz bis zum Hals. Wollen sie zu mir? Dann hätten sie sicher etwas anderes gesagt. Oder? Ich stehe wahrscheinlich nur Sekunden an der Wohnungstür, um auf sie zu warten, aber es fühlt sich an wie Stunden. Ich weiß, was es im schlimmsten Falle bedeuten kann, wenn dein Mann im Dienst ist und plötzlich zwei Kollegen vor der Tür stehen. Und ich habe unwillkürlich Panik, dass sie zu mir wollen und furchtbare Nachrichten haben.

Ich bekomme kaum mit, dass Ben fragt, wer geklingelt hat. Wie angewurzelt stehe ich da und höre die Schritte im Treppenhaus näher kommen. Dann stoppen sie, Stille, schließlich mehrmaliges lautes Pochen an die Wohnungstür unter uns, und kurz darauf sind Stimmen zu hören. Sie sind bei einem Nachbarn! Ich sollte wirklich nur die Haustür öffnen, warum auch immer. Ich gehe zum Fenster und sehe kurze Zeit später, wie die Beamten mit meinem Nachbarn das Haus verlassen und zu seinem Auto gehen. Entwarnung, aber bei meinem Körper ist es noch nicht ganz angekommen. Noch immer schlägt mir das Herz bis zum Hals, und ich muss erst einmal kräftig durchatmen. Plötzlich sagt Ben neben mir: «Oh, ist das Papa?» Er muss mir hinterhergekommen sein und schaut nun ebenfalls aus dem Fenster. Etwas Scham mischt sich unter den Schreck.

Ich komme mir blöd vor, weil ich gleich das Schlimmste gedacht habe. «Nein, mein Schatz. Papa ist bei sich im Abschnitt.» Auch wenn Ben es sich wünscht: Nicht in jedem Polizeiauto und nicht jeder Polizist, dem wir begegnen, ist Papa. Ich greife zum Telefon, schreibe Tim: «Wie war der Start in die Schicht? Lieb dich!» Dass ich noch kurz vorher befürchtete, ihm könnte etwas ganz Schlimmes geschehen sein, erzähle ich ihm nicht.

Dennoch ist es mir immer wichtig, authentisch zu sein. Ben soll mitbekommen, dass nicht nur Stärke und Erfolg zählen, sondern auch Schwäche und Versagen zu den Facetten des Lebens gehören – und auch daraus wieder etwas Großartiges erwachsen kann. Ich schätze es sehr, dass wir uns so nah und emotional so gut verknüpft sind. Darin besteht dann natürlich auch wieder eine Herausforderung für mich als Mutter. Wenn ich am Morgen sorgenvoll durch die Wohnung laufe, weil Tim schon längst aus der Nachtschicht hätte zurück sein müssen und nicht auf Nachrichten reagiert, bemerkt Ben es sofort. Da die Balance zu halten zwischen offen gezeigten Gefühlen und der Verantwortung, unseren Kleinen nicht unnötig zu beunruhigen oder ihm gar schlimmstenfalls beizubringen, sich ständig um alles und jeden Sorgen zu machen, ist nicht immer ganz einfach.

Überhaupt hinterfrage ich mein eigenes Verhalten – wie ich Ben erziehe und wie auf ihn wirkt, was ich ihm vorlebe – durch Tims Beruf ganz anders. Tim sagt selbst immer, für ihn ist Polizist-Sein eben nicht nur Broterwerb, sondern auch eine Art zu sein, seine Berufung. Einfluss nimmt sein Beruf also in jedem Falle auf uns als Eltern. Aber wie viel, das vermögen wir nicht wirklich zu sagen.

Mir führt das Erlebte mit den bei uns klingelnden Polizisten nur einmal mehr vor Augen, wie sehr gewisse Ängste Teil der Normalität geworden sind. Sie sind nicht immer präsent und schon gar nicht bewusst, aber sie sind da und ploppen in einigen Momenten unerwartet auf, überwältigen manches Mal auch.

Ich frage mich dann auch durchaus, ob ich irgendetwas für den Fall der Fälle vorbereiten sollte. Um zu wissen, was dann zu tun ist und wie ich das Leben allein geregelt bekäme. Ist das vernünftig oder übertrieben? Und dann schiebe ich doch wieder alle Gedanken daran weg und mache – nichts. Sicherlich auch nicht so vernünftig. Aber niemand will darüber nachdenken, wie es wäre, plötzlich einen der beiden wichtigsten Menschen im Leben zu verlieren. Ich bin eh schon immer so viel allein. So viele Abende, an denen Ben und ich allein spielen, basteln und toben, zu zweit am Tisch sitzen und Abendbrot essen, ab und zu einen Film zusammen schauen. Ich halte ihn im Arm, ich lache und streite mit ihm, ich höre gespannt zu, wenn er von seinen Ideen, Wünschen und Sorgen erzählt, ich puste, küsse, umsorge, drücke, tröste, gebe Rat und mache Mut. Und ich stehe an seinem Bett, noch immer die Hand sanft auf ihn gelegt, obwohl er schon tief und fest schläft.

Ben sieht aus wie Tim. Vor allem wenn sie schlafen, verschwinden die drei Jahrzehnte Altersunterschied quasi. Obwohl Tim in der Regel für wenige Stunden am Tag da ist, fühlt es sich in der Gesamtheit doch an, als wären Ben und ich nur zu zweit. Ich reiße mir fast ein Bein aus, um bei allem Wichtigen in Bens Leben dabei und neben Arbeit und all den anderen Verpflichtungen auch viel für ihn da sein zu können. Und manchmal frage ich mich, ob ich mich aufgrund von Tims Beruf und seiner damit verbundenen häufigen Abwesenheit irgendwie besonders dazu verpflichtet fühle.

Ich beobachte andere Eltern und höre mir ihre Sorgen und Nöte an, die ich nachvollziehen kann und ernst nehme, von denen mir aber einige ab und zu kleinlich vorkommen. Wenn ich Aussagen höre wie «Mein Mann und ich sehen uns ja fast gar nicht mehr, nur noch wenige Stunden am Abend» und dann mit Verständnis reagiere, weil ich nur zu gut weiß, wie schade das ist oder Mut machen möchte, dass es wenigstens regelmäßige Zeit miteinander ist, dann folgen meist meine Lieblingskommentare: «Na, dein Mann ist ja wenigstens auch mal unter der Woche da», «Dein Mann kann euren Sohn ja auch mal abholen», «Ihr könnt euch ja sogar vormittags sehen». Oft ignoriere ich diese Feststellungen und halte mich an Tims Rat, dass die meisten Leute eben keinen Einblick in unser Leben haben und die Dinge nur mit ihren Augen betrachten können. Er nimmt es ihnen nicht übel, und damit hat er recht. Aber ich kann nicht immer so abgeklärt damit umgehen, kann das Gefühl, dass hinter solchen Aussagen mangelnde Empathie und wenig Einfühlungsvermögen stecken, nicht immer zurückhalten. Außerdem kommt es mir darauf an, wie diese Sachen gesagt werden. Die Leute sagen dies zunächst, weil sie nicht wissen, wie es bei uns ist. Das ist völlig in Ordnung. Aber es gibt die, die zuhören, nachfragen, sich zumindest bemühen, Kenntnis von meinem Alltag zu erlangen, und dann mit diesen Sätzen versuchen, Mut zu machen. Und es gibt diejenigen, die diese Sätze sagen, um ihrem eigenen Alltag und ihrer Leistung mehr Gewicht zu geben, die vielleicht sogar Mitleid und mehr Anerkennung erwarten. Was weiß ich. Ich weiß nur, dass ich keine Lust auf einen Wettbewerb habe, wessen Alltag schlimmer ist und wen es härter getroffen hat.

Gegenhalten könnte ich: Ja, Tim ist auch mal in der Woche

da. Das ist sicherlich schön, bringt aber nichts, weil Ben und ich in der Woche in den Kindergarten beziehungsweise arbeiten gehen müssen und erst am späten Nachmittag nach Hause kommen. Damit wären auch die Vormittage, die Tim da sein kann, erledigt. Ein Vormittag am Wochenende ist dann in der Tat schön, weil wir wenigstens zusammen frühstücken und vielleicht noch eine Kleinigkeit unternehmen können. Ab sechs am Abend ist Tim dann wieder für zwölf Stunden im Dienst. Und, was zusätzlich ins Gewicht fällt, Tim geht nicht für acht Stunden aus dem Haus, es sind immer mindestens zehn. Das heißt, er ist wirklich immer den halben Tag bei der Arbeit. Meinen sie also diese Zeiten, die ja so viel mehr wert sind als verlässliche und geregelte Feierabende – jeden Tag!, und ein verlässliches freies, gemeinsames Wochenende – jede Woche? Von den ganzen psychischen Belastungen noch gar nicht gesprochen.

Aber was bringt diese Diskussion? Was macht es besser? Also höre ich zu, bin verständnisvoll und lasse Bemerkungen dieser Art einfach unkommentiert stehen.

Vielleicht gehen mir Aussagen dieser Art auch auf den Geist, weil ich mich eines gewissen Neides nicht erwehren kann, dass andere Familien am Abend und an Wochenenden mit Sicherheit zusammen sein können, dass deshalb nur ein Elternteil bei einem Fest im Kindergarten teilnimmt, weil der andere ein bisschen Auszeit genießt, dass die Paare oft gemeinsam ins Bett und auch gemeinsam wieder aufstehen können.

Gleichzeitig bin ich unsagbar dankbar, dass Tim da ist, wenn auch wenig. Ich bin dankbar, nicht wirklich ganz allein zu sein, Ben ohne Papa großziehen zu müssen und jemanden an meiner Seite zu haben. Und dann bitte und bete ich, dass Tim immer heil nach Hause kommt. Ich möchte gemeinsam mit ihm steinalt werden, um endlich so viel Zeit zu haben, dass wir uns gehörig auf die Nerven gehen können, jeden Tag.

Wenn man sich nur wenig hat, ist diese Zeit umso kostbarer. Besonders deutlich wird das an großen Feiertagen wie Weihnachten. Weil mir Weihnachten heilig ist, haben wir für uns die Regelung getroffen, dass wir definitiv immer zusammen feiern werden. Zu Weihnachten und Silvester bekommt Tim nicht wie andere automatisch frei, man kann nur Glück haben, dass die Schichten günstig fallen und man etwas Zeit zusammen hat. Wenn Tim Heiligabend arbeiten muss, feiern wir eben an dem nächstmöglichen Abend. So fällt bei uns Familienfeier, Weihnachtsbraten und Bescherung immer wieder auf den 25. oder erst den 26. Dezember, während der 24. dann ein normaler Abend für mich und Ben bleibt. Meine Eltern, mit denen wir in aller Regel zusammen feiern, beweisen hier jedes Jahr großes Entgegenkommen und passen sich Tims Dienstplan an. Mit anderen Familienmitgliedern, vor allem, wenn sie weit weg wohnen, ist das Zusammenfeiern schwer und meist nur in den Jahren zu organisieren, wenn Tim am Abend des 24. nicht arbeiten muss. Und da es nur mit Urlaub möglich ist, über die Feiertage frei zu bekommen, können wir auch nicht zu unseren Verwandten fahren. Mit dem Urlaub verhält es sich nämlich so: Wer bereits Urlaub an diesen Tagen hatte, bekommt in den nächsten Jahren keinen mehr, damit alle anderen auch einmal die Chance auf Urlaub über Weihnachten haben. Außerdem entscheidet natürlich die Personaldichte, wie viele zu Weihnachten gleichzeitig Urlaub bekommen können. Aufgrund der generellen schlechten Personallage ist Urlaub damit Glückssache. So hoffen wir jedes Jahr auf günstig fallende Schichten und quetschen Weihnachten wie alles andere auch in Tims Feierabend.

Im letzten Jahr lief alles so ungünstig, dass ich Heiligabend allein war. Tim war am 24. in der Nachtschicht, unser Weihnachtsfest sollte also am 25. stattfinden. Am Tag davor, dem 23., war Ben mit Oma und Opa unterwegs, am Abend wollte ich ihn wieder abholen. Am Nachmittag bekam ich dann einen Anruf, dass sich dieser eine Tag gar nicht gelohnt habe und alle noch etwas Zeit miteinander verbringen wollten. Wir kämen ja eh am 25. zu ihnen und könnten Ben dann wieder mitnehmen. Ich würde mir den doppelten Weg sparen, und die drei hätten endlich mal wieder viel Zeit miteinander. Ich war hin und her gerissen, aber weil Ben und meine Eltern es so gerne wollten, wollte ich schließlich nicht meinen Willen über den aller anderen stellen. Ist doch auch nicht schlimm, sagte ich mir. Wir feiern Weihnachten doch eh am 25. Und so stimmte ich zu. Also saß ich am Nachmittag des 24. allein vor dem Fernseher – und fand es furchtbar.

Immer wieder sagte ich mir, mach dir die Zeit doch jetzt nicht selbst so mies. Du bist doch selbst schuld, wenn du dir den Tag mit schlechten Gedanken verdirbst. Aber das machte es irgendwie nicht besser, sondern sorgte im Gegenteil nur dafür, dass ich mich noch mieser fühlte. Ich aß allein Abendbrot, ich ging allein ins Bett, stand am nächsten Morgen allein auf und saß allein am Frühstückstisch. Auch wenn der Abend mit der Familie dann sehr schön war, emotional gesehen fand Weihnachten für mich quasi nicht statt. Es fehlte etwas. Das Jahr war dadurch irgendwie unfertig. Wie so vieles unfertig bleibt. Geschichten, die nicht richtig erzählt werden können. Familienzeit, die nicht gelebt werden kann. Erlebnisse, die nicht vollständig erlebt werden können. Abgebrochene Chats, abgebrochene Momente, abgebrochene Gespräche. Abgebrochene Entscheidungen zur Familienplanung.

Und dann kam zum Jahreswechsel das große Grundsatznachdenken bei mir: Wie viel Raum und Entscheidungshoheit will ich dem Beruf meines Mannes noch einräumen? Nachdem unser gemeinsames Leben schon an so vielen Ecken und Enden geprägt ist von Verzicht, wie viel ordne ich dem noch unter? Sogar solch eine elementare Lebensentscheidung wie den Wunsch nach einem weiteren Kind? Für mich stand schon immer fest, dass ich gerne mehrere Kinder haben möchte. Einzelkind zu sein möchte ich für meinen Sohn nicht. Tim tendiert ebenfalls zu zwei Kindern, wenn auch nicht so unumstößlich wie ich.

Wie würden wir in einem Jahrzehnt darüber denken, wenn wir uns jetzt dagegen entscheiden? Wenn wir es verschleppen, weil wir uns nicht entscheiden und schließlich den Zeitpunkt verpassen? Immer mehr reifte in mir die Erkenntnis, dass ich es bitter bereuen und mir für den Rest meines Lebens vorwerfen würde. Es gab keine ernsthaften Gründe, sich ein weiteres Kind zu versagen. Keine familiären, keine finanziellen, keine gesundheitlichen, auf meiner Seite keine beruflichen. Alles, was es schwierig machte, waren die beruflichen Herausforderungen und die Unberechenbarkeiten, die Tims Beruf mit sich brachten. Seine Sicherheit, seine Gesundheit, seine häufige Abwesenheit, meine dadurch entstehenden Sorgen und Gedanken (auch Ben gegenüber) und auch Mehrlasten. All das allein ... All das mit noch einem Kind schaffen, all das noch einem Kind «antun»?

Doch welche Familie kann sich schon in allen genannten Punkten wirklich sicher sein? Eine Garantie gibt das Leben einem niemals. Wer weiß schon, ob die Schwierigkeiten, die wir befürchten, überhaupt in diesem drastischen Maße eintreten werden?

So viele Fragen, so viel «Nein, aber», so viel «Ja, aber», so viel Hin und Her, solch ein Gefühlschaos. Was aber blieb, war der tiefe und innige Wunsch, noch ein Kind zu bekommen.

Mit Glück Karriere

Das Jahr mit dem einsamen Weihnachtsabend war das Schlimmste, das ich je hatte. Und es ist sicherlich auch einer der Hauptgründe, warum Tim so viel Wert darauf legt, mir weitere Lasten möglichst zu ersparen. Denn nach einem anstrengenden Frühjahr und Sommer, einer Zeit, in der Tim über Wochen durcharbeiten musste und in der die wenigen freien Tage dann noch für die AHus geopfert werden mussten – ein Zustand, der mich schließlich auch dazu brachte, den offenen Brief an den damaligen Berliner Polizeipräsidenten zu schreiben –, war ich bereits ungewohnt erschöpft. Im Herbst kam nun durch ein kurzfristiges neues Projekt auf der Arbeit für mich eine enorm herausfordernde Zeit, für die ich einen gesundheitlichen Preis zu zahlen haben würde.

Beruflich hatte ich großes Glück. Ich gehöre zu denen, die nach einem geisteswissenschaftlichen Studium nicht gleich Fuß fassten auf dem Arbeitsmarkt und sich durch einige Praktika kämpfen mussten. Der Start nach meinem Studium war also etwas holprig. Dann geriet ich aber – als wäre es Schicksal – an meine jetzige Institution. Hier konnte ich mich beweisen und innerhalb kurzer Zeit hocharbeiten. Nun arbeite ich weitestgehend eigenverantwortlich in meinem eigenen Ressort und habe auch Personalverantwortung.

Nicht nur diese Arbeitsstelle zu finden war großes Glück, auch die Teamsituation macht es für mich, auch was meinen Familienalltag betrifft, etwas einfacher. Wir sind ein kleines, bunt durchmischtes Team, das nicht nur erfolgreich zusammenarbeitet, sondern auch menschlich sehr gut harmoniert. Mit viel Elan und lauter Plänen setzen wir uns jeden Tag dafür ein, dass unsere Gesellschaft gut mit den Herausforderungen des Fortschritts mit- und zurechtkommt. Das bedeutet auch, dass wir immer am Ball bleiben müssen. Wir müssen wissen, was gerade technologisch vor sich geht, und wir müssen ein gutes Gespür dafür entwickeln, was zukünftig kommen wird. Ebenso müssen wir aber auch eng mit der heutigen Gesellschaft verzahnt bleiben, ihre Wünsche und Sorgen, aber auch ihr Verhalten kennen. Dadurch bringt unser Berufsalltag auch hohen Anteil an Recherchearbeit mit sich, die meist in der eigentlichen Freizeit stattfinden muss. Oft nutze ich hier die Arbeitswege oder die kurze Zeit am Abend, wenn Ben im Bett ist und ich dann allein bin. Ich könnte es mir einfacher machen, irgendwo arbeiten, wo Dienst nach Plan erledigt wird, wo Feierabend auch Feierabend bedeutet, und ich könnte weniger arbeiten. Aber ich mag meinen Job, ich schätze mein Team sehr, und ich wollte immer eine sinnvolle und ideelle Arbeit leisten, auch wenn die Bezahlung nicht doll ist und die Arbeitslast oft hoch. Da geht es mir ganz wie Tim. Wir beide definieren uns auch über unseren Beruf und wollen all die Lebenszeit nicht mit einem langweiligen Job verschwenden. Und so versuche ich, meinen Idealen zu folgen und allem gerecht zu werden – jeden Tag.

An diesem Morgen sind Ben und ich gut losgekommen, jedoch ist der Abschied im Kindergarten etwas schwierig. Ben ist anhänglich und kann sich nicht so richtig von mir lösen. Ich nehme mir die paar Minuten, drücke ihn und spreche ihm gut zu. Seine Erzieherin bekommt mit, dass es heute schwierig ist für Ben, und kommt fröhlich zu uns. «Hallo Ben, guten Morgen.

Mensch, hast du einen neuen Pulli? Und dann noch so einen schicken. Du musst mir unbedingt erzählen, was das für Autos sind», sagt sie, während sie sich zu ihm hockt und ihm liebevoll über den Arm streicht. Autos sind Bens Lieblingsthema, und nach anfänglichem Zögern lässt er sich in ein Gespräch verwickeln. Ich bleibe noch kurz dabei, und als ich merke, dass er sich zunehmend von mir löst, nutze ich die Gelegenheit, mich zu verabschieden, und gehe flink. Die Erzieherin fängt Bens kurz aufwallende Traurigkeit sofort ab und schafft es, seine Aufmerksamkeit auf etwas anderes zu lenken. Ich werfe einen letzten Blick auf meinen Kleinen, wie er an der Hand der Erzieherin in den Gruppenraum geht, und verlasse die Kita. Es folgt ein etwa eine Stunde dauernder Arbeitsweg. Im Büro angekommen, klingelt bereits das Telefon, da habe ich gerade mal die Tasche abgestellt und den Rechner angemacht. Los geht es, von null auf hundert in wenigen Sekunden. Es gibt wieder viel zu tun.

Nach einigen Stunden steckt mein Kollege Marco den Kopf in mein Büro. «Na, hast du ein bisschen Zeit?», fragt er und ich lache. Er habe einen Vortrag in einigen Tagen, könne den Termin nun aber leider nicht wahrnehmen. Ob ich übernehmen könne, will er wissen. Das Thema liegt mir, die Veranstaltung ist sehr interessant, und wir könnten wichtige Kontakte knüpfen. Beruflich wäre es ein sinnvoller Schritt für mich. Doch die Veranstaltung liegt an einem Nachmittag, also checke ich erst einmal Tims Dienstplan. «Sorry, kann ich leider nicht machen, Tim ist da im Spätdienst», muss ich mit Bedauern absagen. Es ist wie so oft, ich bleibe an meine regulären Bürozeiten gebunden. Und während meine Kollegen sehr sichtbar sind und wichtige wie interessante Kontakte knüpfen, kann ich da meist nicht mithalten. Meine Kollegen haben ebenfalls Kinder, können sich deren Betreuung mit ihren Partnern aber einfacher aufteilen als ich. Ich kann Aufgaben nur dann aufteilen, wenn es zu Tims Dienstplan passt, nicht umgekehrt. Haben wir von meinem Arbeitgeber aus eigene Veranstaltungen, muss ich den Termin zwei Monate im Voraus fest wissen, damit Tim beim Planen seiner Dienste versuchen kann, das zu berücksichtigen. Ich kann mit meinen Kollegen letztlich nicht mithalten, was, rein auf die Karriere bezogen, nicht förderlich ist.

Mein berufliches Umfeld ist sehr umtriebig und stets voller Ideen und Energie. Zum einen möchte ich mithalten, zum anderen macht es auch unsagbar Spaß. Dennoch übt das natürlich immer auch Druck aus und begünstigt einen Kreislauf, durch den sich alle im Team irgendwann beginnen aufzureiben. Ich arbeite 30 Stunden die Woche, oft genug sind es aber weit mehr, da meine Stelle und die umfangreichen Themengebiete in der vorgesehenen Zeit eigentlich nicht zu schaffen sind und zeitweise auch gut zwei Vollzeitstellen ausfüllen könnten. Das war einige Jahre okay und gut leistbar, aber mit Tims steigender Arbeitslast konnten wir uns Alltagsaufgaben, aber auch Nähe und Gespräche, immer weniger miteinander teilen. Meine Kräfte schwanden zunehmend.

Und dann kam der besagte Herbst. Wir hatten bei der Arbeit mehrere Projekte angenommen und wussten, dass uns einige harte Monate bevorstehen würden. Mittendrin müssen wir feststellen, dass wir die Arbeitslast trotzdem noch unterschätzt haben. Das hilft jedoch nichts, wir müssen Termine einhalten, und daher arbeite ich zwei Monate lang mindestens 60 Stunden die Woche und an vielen Wochenenden komplett durch. Das allein ist schon schlimm, wirklich mies aber ist, dass Ben dadurch von früh bis spät im Kindergarten bleiben muss und sich auch an den Wochenenden viel alleine beschäftigt, während ich zwar bei ihm sitze, aber am Rechner arbeite. Ab und zu spielt er draußen mit den Nachbarskindern, an einigen Wochenenden springen Oma und Opa ein und nehmen ihn, sodass der Kleine wenigstens mal etwas mehr umsorgt wird. Was ich in dieser Zeit mit Tim bespreche oder ob ich überhaupt mit ihm Zeit verbringe, kann ich heute gar nicht mehr sagen. Ich kann mich einfach nicht mehr daran erinnern.

Für mich ist diese Zeit ein unsagbares Drama, das über die alltäglichen Erfahrungen und Herausforderungen einer berufstätigen Mutter hinausgeht. Das ist nicht die übliche Zerrissenheit, die ich tagtäglich empfinde, weil ich weder Kind noch Arbeit irgendwie richtig gerecht werden kann, und die sicherlich viele berufstätige Eltern kennen. Ich habe vielmehr das Gefühl, den Kontakt zu meiner Familie und auch zu mir selbst völlig verloren zu haben. Es ist keine Zeit zum Durchatmen oder Abschalten. Mir bleibt kaum Zeit zum Schlafen, zum Essen, zum wirklich im Moment Sein. Wenn ich Ben abends vorlese, dann bin ich in dieser Zeit gedanklich schon wieder bei den Aufgaben, die ich heute Nacht noch für die Arbeit schaffen muss. Dann denke ich an die Unordnung zu Hause, der ich kaum noch Herr werde, und erinnere mich, dass ich heute Morgen die letzte saubere Unterhose aus Bens Schrank genommen und wieder vergessen habe, Wäsche zu waschen. Ich habe also keine Zeit, bei Ben zu bleiben und noch etwas mit ihm zu kuscheln, sondern wasche stattdessen schnell eine Unterhose mit der Hand und hänge sie über die Heizung, in der Hoffnung, dass sie morgen trocken ist. Nachdem ich die Waschmaschine mit viel zu viel Wäsche vollgestopft habe, arbeite ich noch eine ganze Weile und lege mich dann für drei Stunden ins Bett. Schlafen ist durch das Rasen der

Gedanken allerdings kaum möglich. Am nächsten Morgen lege ich Tim einen Zettel hin, dass er bitte die Wäsche aufhängen soll, und stürze mich in den nächsten Marathon-Tag mit mindestens zehn Stunden Arbeiten, egal ob Tag oder Nacht, wobei ich unser Familienleben noch irgendwie nebenher manage, und das zum großen Teil allein. Seit Wochen keine Pause, keine Zeit miteinander. Immer nur die Deadline vor Augen, bis zu der das Projekt fertig sein muss – endlich beendet ist.

Ich verfluche meinen Job. Ich verfluche die Tatsache, dass Tim keine Möglichkeit hat, mich in dieser Zeit mehr zu unterstützen. Ich verfluche das nagende Gefühl, einfach nur noch schlafen zu wollen, in Ruhe, bis ich ausgeschlafen bin. Aber ich will tapfer sein, fühle mich allen verpflichtet, meinen Kollegen, die ebenso viel leisten; meinem Mann, der auch so gut wie nie Pausen hat und den ich dann nicht auch noch mehr einspannen will; Freunden und Familie, die ich oft über Wochen oder gar Monate nicht sehe und mit denen ich kaum Kontakt halten kann; aber vor allem meinem Sohn Ben, der noch so klein ist und auf uns angewiesen. Und es ist ja nicht nur, dass ich für ihn da sein *muss*. Wir haben unseren Sohn bekommen, weil wir uns ein Kind wünschten, und ich möchte Zeit mit ihm verbringen, weil ich ihn liebe und gerne mit ihm zusammen bin. Ben durch Kita, Freunde und Großeltern zeitweise gut betreut zu wissen, macht es für mich also nicht immer besser, da ich ihn und unsere Zeit mehr als alles andere schätze. Und zudem selbst brauche. Im Oktober kommt dann auch noch der Wirbel um den offenen Brief an den damaligen Polizeipräsidenten hinzu, der mich vollkommen überrollt und auch zu Hause alles auf den Kopf stellt.

Ob beruflich, als Mutter, Ehefrau oder im Haushalt – ich möchte alles möglichst gut machen. Ganz bald werde ich lernen, dass mein angestrebter Perfektionismus nicht lange in dieser Schlagzahl durchzuhalten sein wird. Doch noch kämpfe ich mich von Tag zu Tag und ignoriere die zunehmenden gesundheitlichen Probleme. Da ich kaum noch zum Schlafen komme und, wenn ich dann mal liege, aus dem Gedankenrasen und Stresshaben nicht herauskomme, mich also wach hin und her wälze, quäle ich mich mit Müdigkeitssymptomen und starken Kopfschmerzen herum. Außerdem schnellt mein Blutdruck anhaltend in die Höhe und ich habe immer wieder Herzrasen. Und als ob das alles nicht schon reichen würde, schleppe ich seit Wochen eine nicht enden wollende Erkältung mit mir herum. Irgendwann reicht es meinem Körper dann offensichtlich.

Es ist ein ganz normaler Morgen, doch geht es mir sehr viel schlechter als die Tage zuvor. Mein Kopf droht zu explodieren und mein Herz schlägt schnell und schmerzvoll. Kurz vor dem Aufbruch zu Kita und Arbeit ist es, als hätte jemand den Stecker gezogen. Ben und ich stehen im Flur, schon fertig angezogen und bereit zum Aufbruch. Als ich nach meiner Tasche greifen will, wird es plötzlich extrem seltsam. Erst ist der Schmerz plötzlich weg, ich bin aber wie eingefroren, stehe ganz still, atme ganz langsam. Ich schaue in die Augen meines Kleinen, es ist alles wie in Zeitlupe, und dann sinke ich zusammen. Den Blick die ganze Zeit auf Ben gerichtet, durchschießen mich tausend Sorgen, während ich wie in Zeitlupe zu Boden sinke. Wir sind ganz allein, Oma und Opa, Freunde wohnen am anderen Ende der Stadt und sind arbeiten, Tim kann ich nicht sicher erreichen. Vielleicht kann er rangehen, vielleicht kann er sogar umgehend kommen. Aber vermutlich ist er mitten im Einsatz. Ich habe keinen Plan, was gerade passiert, und wir sind ganz allein. In Bens Blick kann ich nicht wirklich etwas lesen, hat er Angst?

Sein Blick ist total versteinert, irgendwie verwirrt und ratlos. Die ganze Zeit bleibt unser Blick fest beieinander. Sagt er was? Ich weiß es heute nicht mehr. Wir sind ganz allein, ich habe vermutlich einen Herzinfarkt, befürchte ich, und ich denke: Ben ist ganz allein ...

Vielleicht sind es die Kräfte einer Mutter, die mich, am Boden angekommen, kurz durchatmen und dann wieder klar werden lassen. Mein System wird wieder hochgefahren. Dabei löse ich den Blick keinen Moment von Ben. Ich weiß nicht, wie lange genau, aber einige Sekunden sitze ich noch, dann stehe ich wieder auf. Ben steht noch immer da wie festgefroren. Ich gehe auf allen vieren zu ihm und nehme ihn in den Arm. Ganz fest, ganz lange. Nun kommt der Schreck bei mir an, und einige Tränen rollen mir über die Wangen. Ich merke, wie sich aus Bens Körper die Anspannung löst. «Mama, was ist denn los?», fragt er mich schließlich. Ich nehme sein Gesicht sanft in die Hände und lege unsere Stirnen aneinander. «Ehrlich gesagt, ich weiß es nicht genau», antworte ich leise, aber ich habe die Botschaft meines Körpers sehr klar verstanden. Ich beruhige Ben, dann melde ich mich krank und fahre umgehend zum Arzt.

Das Ergebnis ist nicht wirklich überraschend: ausgebrannt. Die Konsequenz: Medikamente, Ruhe, regelmäßige ärztliche Kontrolle und einen Monat krankgeschrieben. Nach der hohen Schlagzahl der letzten Monate falle ich in ein Loch, muss mich nun neu sortieren und mir über vieles Gedanken machen. Zunächst einmal muss ich dringend mein Notfallnetzwerk überdenken. Und dann frage ich mich zum ersten Mal wirklich ernsthaft, ob ich nicht lieber weniger arbeiten sollte. Leider lässt unsere finanzielle Situation diese Überlegungen nicht lange zu. Tims Gehalt ist zwar sicher, wird aber nicht oder nur minimal besser werden. Unsere Miete ist inzwischen vierstellig, und es ist absehbar, dass diese Summe nicht das Ende der Fahnenstange sein wird. Daher benötigen wir mein Gehalt, in Gänze. Sowieso ist es fraglich, ob ich mit den Stunden noch weiter runtergehen könnte. Die jetzigen 30 Stunden sind schon viel zu wenig für meine Stelle. Noch weniger zu arbeiten wäre also gar nicht möglich. Daher entschließe ich mich, wirklich konsequent nur 30 Stunden zu arbeiten und zu schauen, ob das für genügend Entlastung sorgt, bevor ich irgendwelche größeren Geschütze auffahre. Außerdem muss ich dringend lernen, mehr Hilfe anzunehmen.

Auf der Arbeit ab sofort relativ rigoros darauf zu achten, dass ich die Stunden einhalte, macht erst einmal mehr Stress, als es Entlastung schafft. So muss ich meine Aufgaben und auch die Aufgabenfülle neu ordnen und verstärkt lernen, nein zu sagen und Aufträge nicht anzunehmen. Das ist nicht einfach für mich und auch nicht für das Team, da ich mengenmäßig nun natürlich nicht mehr so viel übernehmen kann wie zuvor. Aber hier kommt mir wieder zugute, dass wir ein Team sind, das menschlich sehr gut harmoniert und in dem auf das Wohl von jedem geachtet wird. Mit viel Verständnis werden die besonderen Umstände und Schwierigkeiten, die Tims Beruf nun einmal mit sich bringt, berücksichtigt, und wir pegeln uns nach und nach auf der Arbeit neu ein.

Mit Glück Freunde

Dann kommt der Moment, in dem ich überwältigt auf zwei eindeutige, rote Striche auf einem Teststreifen schaue. Schwanger! Sofort überkommen mich Freude und Panik zugleich. Das ganze Hin und Her beim Darüber-Nachdenken vorher überrollt mich nun. Ich muss auch sofort wieder an das Ende des vergangenen Jahres denken. Lange hatte mein Vorhaben nicht gehalten, nur noch 30 Stunden zu arbeiten. Ja, ich habe bei vielem begonnen, nein zu sagen. Das führte dazu, dass ich nicht mehr so viel umsetzen konnte wie in den letzten Jahren, wir schafften also rein quantitativ gesehen weniger. Und die Kollegen übernahmen an der einen oder anderen Stelle etwas mehr. Dennoch blieb die Arbeit fordernd und immer wieder sehr zeitintensiv.

Ich arbeite unglaublich gerne und ich habe berufliche Ziele. Auf der anderen Seite habe ich im Leben nichts Besseres gemacht, als Mutter zu werden, und liebe es jeden Tag, es zu sein. Beides ist für mich wichtig für ein erfülltes Leben. Doch es wäre illusorisch zu glauben, Kind und Karriere seien wirklich so zu vereinbaren, dass beides vollwertig gelebt werden kann. Man muss immer an einer Seite Abstriche machen oder an beiden gleichzeitig. Diese Entscheidung muss man auch als Familie treffen, denn einer wird immer mehr Zeit für die Arbeit oder die Familie aufwenden können als der andere oder beide müssen zu gleichen Teilen an entsprechenden Punkten verzichten.

Lebt man mit einem Polizisten zusammen, ist das persönliche Opfer, das man als Partner bringen muss, ein größeres. Ich habe es nie vor Tim ausgesprochen, aber ich habe alle meine Karriereoptionen immer dem Beruf meines Mannes untergeordnet. Und ich hatte auch keine wirkliche Wahl, denn er kann die Anforderungen seines Berufes nicht anders lösen, und jede meiner Entscheidungen würde ich dann zulasten unseres Kindes treffen. Unserer Kinder – oh mein Gott, ich bin schwanger! Und anstatt mich erst einmal überschwänglich zu freuen, rätsele ich sofort, wie ich alles zukünftig ordne, und sorge mich um meine berufliche Zukunft. Was für ein Willkommen für ein neues Leben ...

Ich atme tief durch. Jetzt mal nicht gleich Panik schieben und automatisch vom Schlechtesten ausgehen! Ben haben wir in viel unsichereren und finanziell angespannteren Zeiten bekommen, und bisher ist alles gutgegangen. Und hey, wir bekommen ein Baby, wie großartig! Und dennoch, umfassende Euphorie will sich nicht so richtig einstellen. Bei dem ersten Kind ist man da wohl etwas blauäugiger, und mit voranschreitendem Alter wird man offensichtlich auch kopflastiger. Ich beschließe, das Ergebnis erst einmal in mir ankommen zu lassen und es Tim noch nicht zu sagen. Außerdem möchte ich es ihm in einem ruhigen Moment sagen, nicht zwischen Tür und Angel, wie es bei uns oft Alltag ist. Das wird einer solchen Nachricht nicht gerecht. Allerdings wird sich durch Tims Arbeitszeiten dieser Moment erst viele Tage später ergeben. Ich packe den Teststreifen weg, atme noch einmal durch, dann gehe ich zurück in den normalen Alltag, ohne mir irgendetwas anmerken zu lassen.

Nur wenige Tage später verplappere ich mich bei meiner Freundin Carla. Ihre Freude ist groß, und sie wäscht mir gehörig den Kopf bezüglich meiner Bedenken. Außerdem macht sie mir Mut, indem sie mir erzählt, dass sie, als sich ihr zweites Kind ankündigte, auch zunächst geschockt und verunsichert war, obwohl es – wie in unserem Falle – ein absolutes Wunschkind ist. Ich bin also doch nicht so schräg, wie ich befürchtete. Das Gespräch mit ihr, mal alle Bedenken loswerden zu können und ihr aufmerksames Ohr, aber auch ihr Verständnis und die liebevolle Zurechtweisung tun unsagbar gut.

Dieser Moment macht mir aber gleichzeitig wieder einmal schmerzhaft bewusst, wie weit der Beruf meines Mannes auch in mein Privatleben eingreift. Meine engen Freunde sehe ich nur einige wenige Male im Jahr. Wenn überhaupt. Und vieles, was man mit Freunden teilt, erleben wir nur dank des Internets. Und selbst das Melden rutscht mir hin und wieder durch, wenn viel los ist. Das sorgt immer mal wieder für etwas Ärger. Und für viele Gelegenheiten, in denen ich mich entschuldigen und auf Verständnis hoffen muss.

Erst zuletzt waren wir seit langem einmal wieder alle in größerer Runde verabredet. Den Termin hatten wir schon vier Monate vorher festgelegt, damit auch wirklich nichts dazwischenkommt. In meinem Kosmos reichte dafür jedoch schon ein stärker erkrankter Kollege von Tim, der ersetzt werden musste. Tim wurde gefragt, ob er einspringen könne. Mich nervte das immens.

Auch andere Kollegen wurden gefragt, aber neben der geringen Personaldichte gibt es einige Kollegen, die verwendungsbeschränkt sind, also keine Waffe tragen dürfen und damit auch nicht uniformiert auf der Straße arbeiten oder keinen Schichtdienst machen können – und schon ist die Gruppe derer, die einspringen können, auf nur wenige Kollegen geschrumpft.

Tim schätzt sie auf durchschnittlich fünf oder eher weniger. Es gab sogar schon Fälle, in denen sich keiner mehr in der Dienstgruppe fand, der einspringen konnte. Jung und voll dienstfähig zu sein reicht schon aus, um sich auf freie Zeiten aktuell nicht verlassen zu können. In diesem Fall stellte sich schnell heraus, dass Tim der Einzige war, der einspringen konnte. Da ich wiederum niemanden hatte, der an diesem Abend auf Ben aufpassen konnte, fiel der lang geplante Freundeabend für mich aus. Was dieses Mal besonders bitter war, da ich an diesem Abend endlich einmal meine mir ganz wichtige Freundin Magda hätte wiedersehen können. Sie lebt inzwischen im Ausland, und wir können uns nur wenige Male im Jahr sehen. Doch wieder einmal musste das nun ausfallen. Tim fühlte sich sicher auch nicht gut dabei, weil ich, wie so oft, aufgrund seiner Arbeit Freunden absagen musste. Ich werfe ihm das zwar nicht vor, ärgere mich aber trotzdem – und Tim ist es unangenehm, obwohl er weiß, dass ihn keine Schuld trifft.

Die Freunde werden es auch dieses Mal verstehen, dass ich keine andere Möglichkeit habe, als abzusagen. Neben dem schlechten Gewissen den Freunden gegenüber beschäftigt mich aber auch der Gedanke, dass ich mit jedem Mal, an dem ich nicht dabei bin, ein kleines Stück weiter aus der Gruppe rutsche. Ich bekomme die Gespräche nicht mit, kann weniger Anteil an ihrem Leben nehmen, nicht mit ihnen lachen und einfach mal unbeschwert Zeit verbringen. Was an diesen Abenden ohne mich geschieht, ist unwiederbringlich. Und es ist wertvolle Zeit, die mir verlorengeht. Mal aus dem Alltag entfliehen, Spaß haben, abschalten können. Stattdessen bleibe ich zu Hause, bin Mama und Hausfrau, bin, wenn Ben dann im Bett ist, alleine mit mir.

Ein zweites Kind, vor allem ein Baby, wird dies nicht besser machen. Ich will dieses Baby. Ich freue mich, dass meine Familie, die mir so unsagbar wichtig ist, wächst. Aber ich möchte eben auch soziale Kontakte. Und beruflichen Erfolg. Diese zwei kleinen roten Striche auf einem Teststreifen verdeutlichen mir, wie abhängig ich von Menschen bin, die über die Umstände in der Polizei entscheiden, und wie viel Mühe es mich kostet, mir all das, was für viele andere eine Selbstverständlichkeit ist, zu ermöglichen und zu erhalten.

Wieder einmal bin ich enorm dankbar, dass ich in all dem Stress großartige Freunde habe, die ich zwar nur wenig sehe, die aber großes Glück und großen Segen für mich bedeuten. Wenn der umfangreiche Verlust vieler Freunde in den letzten Jahren etwas Gutes bewirkt hat, dann dass mir Juwelen von Menschen erhalten geblieben sind!

Letztlich klappt es dann doch, und ein paar Freunde und ich können uns ganz spontan zum Mittagessen treffen. Auch wenn so natürlich nicht alle dabei sein können, ist es doch ein schönes – wenn auch kurzes – Wiedersehen. Für mich ist ein Dazukommen nur möglich, da ich in Gleitzeit arbeite. Während wir uns beim Thailänder einen Tisch im Grünen sichern können und fröhlich quatschend zusammensitzen, beobachte ich, wie ein Streifenwagen vorfährt und vor dem Bäcker gegenüber hält. Die Polizisten steigen aus, holen sich dort etwas, steigen wieder ins Auto und essen dort hastig. «Die würden sich bei diesem schönen Wetter sicher auch gerne gemütlich draußen an einen Tisch setzen und in Ruhe essen», sage ich. Alle folgen meinem Blick und schauen zum Streifenwagen. Einige nicken. «Na ja, nun sind sie aber im Dienst», entgegnet ein Freund beiläufig und widmet sich wieder entspannt seinem Essen. «Und das bedeutet was? Dass sie nicht essen dürfen?», frage ich zurück. Ich kenne die Meinung mancher Bürger, dass Polizisten im Dienst nicht essen sollten. Und Tim hat ebenfalls erlebt, dass sich Passanten ihm gegenüber kritisch äußerten, als er im Dienst mit einem Kollegen kurz an einer Würstchenbude pausierte. Auch bei uns am Tisch entsteht nun eine kleine Diskussion um das Thema. Ich gebe zu bedenken, dass wir alle am Tisch mit unseren normalen Bürotätigkeiten eine gesetzlich geregelte und verbindliche Pause haben. Polizisten haben das nicht, und wann sollen sie auch Pause machen? Sie sind immer in Bereitschaft, selbst wenn es gerade nichts zu tun gibt. Außerdem sind sie nun einmal immer uniformiert. Wir Freunde haben uns für unser Treffen heute zum Essen auch nicht extra umgezogen. «Und niemand wird wohl ernsthaft den Polizisten versagen, eine warme Mahlzeit zu sich zu nehmen, wenn sie schon den halben Tag arbeiten», stimmt eine Freundin zu. Das will unser Freund sicher nicht, und auch wenn er all diese Aspekte nicht bedacht hat, bleibt er doch skeptisch, was öffentliche Essenspausen von Polizisten angeht. «Ihr seid echt schräg», sagt schließlich eine weitere Freundin. Sie hat amerikanische Wurzeln und findet unsere Diskussion nicht nachvollziehbar. «In Amerika sind die Besitzer der Diners und auch die Gäste froh, wenn Polizisten dort essen. Man ist stolz auf sie. Außerdem strahlen Polizisten Sicherheit aus. Ich habe noch nie darüber nachgedacht, ob und wo Polizisten essen sollten. Ihr macht euch aber auch immer Gedanken und Probleme», schüttelt sie lachend den Kopf. Vermutlich ist es so: Wir machen hierzulande aus vielem einfach gerne ein Problem. Nur sollten wir niemals hart arbeitenden Menschen die Befriedigung essenzieller Bedürfnisse wie das Essen verwehren.

«Ist doch nicht ansteckend»

Ich liege mal wieder nachts wach und grübele. Noch ein Baby also. Was mich seit zwei Wochen beschäftigt, davon hat Tim noch keine Ahnung. Es ist etwas Ruhe in unseren Alltag eingekehrt. Da er im letzten Jahr und in den vergangenen Monaten dieses Jahres bereits sehr viele AHu-Einsätze hatte, wird er in letzter Zeit mit entsprechenden Einberufungen meist verschont. Jetzt müssen andere ran. Beim Planen der Dienste versucht er nun, mehr freie Tage zu bekommen, was gerade auch durch einen relativ geringen Krankenstand in der Dienstgruppe gut möglich ist.

Bald steht auch unser Urlaub an. Zwei ganze Wochen machen wir uns in die Einöde davon, weg von allem und allen und nur Zeit für uns. Ich kann es kaum erwarten. Seit Jahren ist das unser erster richtiger Urlaub. Sonst verwenden wir ihn immer, um die lange Schließzeit der Kita im Sommer abzudecken. Die dann noch verbleibenden Tage quetschen wir irgendwie irgendwo dazwischen. Meist nur einige Tage am Stück, selten haben wir gemeinsam Urlaub. In diesem Jahr habe ich aber durch mein Marathon-Arbeiten im vergangenen Jahr so viele Überstunden, dass ich unter anderem diese zwei Extrawochen Urlaub davon machen kann.

Draußen regnet es, und ich lausche eine Weile den Tropfen, die ans Fenster und auf das Fensterbrett trommeln. Tim atmet laut auf und dreht sich. Ich rutsche an ihn heran und lege meinen Arm um ihn. Sein ruhiges Auf und Ab vom Atmen gibt mir eine tiefe Sicherheit und Ruhe. In diesem friedvollen Moment erfüllt mich auch zum ersten Mal eine ungetrübte Freude über unser gerade entstehendes zweites Kind. Und es erfüllt mich die tiefgehende Gewissheit, dass wir die vorhandenen und nun neu hinzukommenden Herausforderungen gemeinsam meistern werden. In dieser wohligen Stimmung schlafe ich irgendwann ein.

Wie selten diese Momente doch sind! Und es überrascht mich immer wieder, wie viel sie einem geben können. Kraft und Mut, Geborgenheit und Halt, Zuneigung und Herzlichkeit. Sie füllen den Akku, von dem man dann in den harten Zeiten zehrt. Ich hätte gerne häufiger solche friedvollen Momente, ich könnte sie auch häufiger gebrauchen. Aber gleichzeitig frage ich mich, ob ich sie dann immer noch so bewusst als kostbar wahrnehmen würde? Ich würde es darauf ankommen lassen ...

Am nächsten Morgen auf dem Weg zur Arbeit checke ich Tims Dienstplan. Noch immer habe ich ihm nichts von der Schwangerschaft gesagt. Damals, als ich mit Ben schwanger war, habe ich ihm einen Baum in die Hand gedrückt und ihn aufgefordert, diesen einzupflanzen. Schon schräg, denke ich heute. Tim hat es auch nicht verstanden und stand skeptisch vor mir, ohne den Baum anzunehmen. Erst als ich auf das alte Sprichwort verwies, dass ein Mann ein Haus bauen, einen Sohn zeugen und einen Baum pflanzen solle, dämmerte es ihm langsam. Die Freude war groß, die Idee mit dem Baumpflanzen schien ihm dennoch zu blöd. Also wuchs der Baum erst einmal, solange es ging, auf unserem Balkon, und uns blieb eine Anekdote, über die wir heute lachen können.

Wie ich Tim mitteilen möchte, dass er zum zweiten Mal Papa wird, weiß ich schon seit einer Ewigkeit. Es gibt eine entsprechende Szene in einer für mich sehr bedeutenden Serie aus meiner Jugend, und ich habe Tim schon immer «angedroht», dass ich es ihm genauso sagen werde – oder zumindest diese Szene zeige. Das war also gesetzt. Aber wann soll ich es ihm sagen? Ich kann meine zunehmende Übelkeit kaum noch verbergen – und vor allem ist eine Schwangerschaft etwas, das man von Beginn an mit dem Partner teilen sollte.

Also suche ich im Dienstplan von Tim nach einem Tag, an dem ich ihm nicht nach zwölf Stunden Ackern eröffne, dass wir noch ein Baby bekommen. Einen Tag, an dem er im Anschluss nicht noch in die Nachtschicht muss oder erst abends nach Hause kommt und nur eine kurze Zeit und eine Nacht Schlaf bleibt, die Nachricht ankommen zu lassen. Und ich möchte es erst einmal mit Tim alleine besprechen, bevor wir Ben die Neuigkeit überbringen. Nur wenige Ansprüche, die es dennoch schwierig machen, sehr zeitnah einen passenden Tag zu finden.

In drei Tagen passt es. Am Donnerstag kommt Tim aus der Nachtschicht und hat danach seinen freien Tag. Bei mir im Büro frage ich, ob ich am Donnerstag im Homeoffice arbeiten kann, was mir meine Chefin gerne ermöglicht, und so steht der Termin für die große Neuigkeit. Nun bin ich doch aufgeregt, und es wird in den nächsten Tagen nicht besser. Noch am Dienstagmorgen, Tim schläft zum Glück noch, muss ich mich wieder übergeben. Da mich die Übelkeit ganz plötzlich beim Brotbüchse-Packen überkommt, stürme ich von der Küche ins Bad, was Ben natürlich mitbekommt. «Mama, was machst du?», ein kleiner Kopf schiebt sich langsam durch den Türspalt ins Bad. Verdammt, was sage ich jetzt? Rausreden oder gar anlügen geht gar nicht. Also ein bisschen um den heißen Brei herumreden. «Ich habe mich übergeben, weil ich etwas mit dem Bauch habe.

Ich bin aber nicht krank, keine Sorge», erkläre ich. Das reicht ihm natürlich nicht und er fragt weiter nach. «Heute möchte ich es noch nicht erzählen, aber ich verspreche dir, dass ich es dir spätestens am Wochenende sage.» – «Wann ist das?», will er wissen, und ich sage ihm, dass es nur drei Tage bis dahin seien. So ganz ist Ben nicht damit zufrieden, aber er akzeptiert es. Nun muss ich nur noch die Daumen drücken, dass er Papa nichts erzählt.

Aber alles klappt super, und so sitze ich am Donnerstag mit Tim auf dem Sofa. Solange er nach der Nachtschicht noch ausschlief, habe ich Ben zur Kita gebracht und gearbeitet. Nach seinem Aufstehen und während er unter der Dusche war, habe ich alles für die große Nachricht vorbereitet. Jetzt sitzt er seit einer Stunde neben mir, ist richtig wach geworden und hat etwas gegessen. Nun muss ich es sagen, sonst sterbe ich vor Aufregung. Oder traue mich nicht mehr. Ich schalte den Fernseher aus und sage zu Tim: «Ich muss dir etwas erzählen.» – «Was kommt jetzt?», fragt Tim überrascht. Ich nehme das Tablet und zeige ihm ein Video. Er versteht es erst nicht und schaut mich etwas irritiert an. Ich verweise mit meinem Blick noch einmal auf das Video. Dann dämmert es ihm. Ich kann in seinem Gesicht sehen, wie die Erkenntnis ankommt und die Gefühle in ihm verrücktspielen. Ich bekomme einen Adrenalinstoß und sterbe fast. «Nee, ne?», fragt er und schaut mich hin und her gerissen an. «Du bist schwanger?» Seine Augen werden glasig. Auch wenn er genauso durcheinander ist wie ich bei der Nachricht, freut er sich doch total. «Wir bekommen ein Baby», bestätige ich, eine Träne rollt mir über die Wange, und wir fallen uns in die Arme. Dann küsst er mich und sagt: «Scheiße.» Ich weiß, wie er es meint, und wir müssen lachen. Ich bin glücklich, und erleichtert.

Wir reden noch viel, vor allem auch über unsere Sorgen und die Herausforderungen, die uns nun wohl erwarten werden. Aber über allem steht die unantastbare Freude über unser Baby. Grob besprechen wir auch, wie wir alles Weitere jetzt angehen werden, wann ich es zum Beispiel auf der Arbeit sagen könnte. Und wir sind uns einig, dass wir es Ben, wie von mir versprochen, morgen sagen wollen. Wir möchten ihn von Anfang an einbinden und teilhaben lassen. Schließlich ist er uns das Wichtigste auf der Welt, und ein Geschwisterkind verändert auch für ihn alles.

An diesem Abend liegen Tim und ich kuschelnd und schweigend im Bett. Jeder hängt seinen Gedanken nach. Mit meinem Kopf auf seiner Brust lausche ich seinem Herzschlag. Er ist ruhig und entspannt. Es war ein sehr ereignisreicher und schöner Tag. Der Startschuss für einen ganz neuen Lebensabschnitt. Für diesen Moment zählen all der Alltagsstress, all die Sorgen und all das Grübeln nicht. Wir sind einfach nur zusammen und glücklich. Keine Frage, dieser Mann, diese Familie ist mir all das Kämpfen wert. Und ich werde nicht müde werden, für eine Verbesserung der Umstände einzutreten.

Manchmal möchte ich einfach die Zeit einfrieren. Gemeinsam mit Tim ins Bett gehen und am nächsten Morgen auch gemeinsam aufstehen, Kleinigkeiten mit hohem Wert. Da ich an diesem Freitag ein paar Überstunden abbummele und Tim einen arbeitsfreien Tag hat, haben wir am Abend zuvor noch kurzfristig beschlossen, dass wir einfach mal den Wecker ausmachen, ausschlafen und einen entspannten Tag zu dritt verbringen.

Eine kleine Hand fasst mich vorsichtig an und weckt mich. Ich verstecke mich unter der Decke und sage, dass ich nicht da bin. Ben kichert und stupst mich noch einmal an. Dann schnappe ich ihn mir und ziehe ihn ins Bett. Davon wird nun auch Tim wach. Ben quiekt auf und lacht, während wir ihn, sobald er versucht aufzustehen, immer wieder hinlegen und zudecken. Dann tobt er auf Papa rum, kitzelt mich durch und bestimmt schließlich, dass wir jetzt alle aufstehen müssen. «Los jetzt», sagt Ben streng und verlässt mit strubbeligem Haar und Kuscheltuch das Schlafzimmer. Tims und mein Blick treffen sich, wir lächeln uns an. «Ich will nicht», sage ich und vergrabe mich tief in Kissen und Decke. Aus der Stube höre ich noch ein «Maaamaaa», dann muss ich auch schon wieder eingeschlafen sein. Denn das Nächste, was ich mitbekomme, ist Tim, der mich weckt und aus dem Bett schmeißt. «Los jetzt, genug geschlafen. Wir wollen frühstücken», sagt er und verlässt das Zimmer wieder. Dann muss ich wohl.

Als ich etwas später in die Stube komme, ist der Tisch schon gedeckt, frische Brötchen sind geholt und Ben sitzt grinsend im Schlafanzug da und schaukelt mit den Beinen. Tim stellt gerade einen warmen Kakao an meinen Platz. Wie perfekt dieser Morgen ist, denke ich und lächle verliebt. Einfach jetzt die Zeit einfrieren. «Mama, komm jetzt, wir wollen frühstücken. Ich habe Spritzkuchen beim Bäcker gekauft», sagt Ben. Ich setze mich an den Tisch. «Ach, du warst also beim Bäcker? Gefiel ihm dein Schlafanzug?», frage ich. Das ganze Frühstück über reden und scherzen wir. Ein perfekter Morgen, Honig für die Seele.

Am Nachmittag fahren wir spontan zu Oma und Opa, endlich mal wieder etwas zusammen sein und das schöne Wetter im Garten nutzen. Während wir gemeinsam am Tisch sitzen und zuschauen, wie Opa mit Ben Unkraut zupft, erzählt Oma von ihrem letzten Wochenende mit Ben. Er habe ihr erzählt, dass sein bester Freund eine Schwester bekäme. «Oh schön», habe sie zu ihm gesagt, «vielleicht bekommst du ja auch noch ein Geschwisterchen. Ich würde mich freuen.» – «Aber Oma», erwiderte Ben belustigt, «ein Baby zu bekommen ist doch nicht ansteckend!» Während meine Mutter sich über die kindliche Logik amüsiert, schauen Tim und ich uns an und müssen ebenfalls lachen. So schnell geht das manchmal mit dem «Anstecken».

Wieder zu Hause, erzählen wir Ben, dass wir ein Baby bekommen. Er ist gleich Feuer und Flamme. Auch wenn ich mir keinen Kopf gemacht habe, er könnte es irgendwie blöd finden, bin ich positiv überrascht, dass er sich so freut. Wir verabreden, dass das Baby für die nächsten Wochen erst einmal unser Geheimnis bleibt. Doch so ein kleiner Junge, der sich ganz doll freut und sicher auch ein bisschen angeben will, ist eine unkalkulierbare Sicherheitslücke, wie wir lernen mussten: Ben behielt die Nachricht nur so lange für sich, bis er wieder in der Kita war.

Warten auf ein Lebenszeichen

Auch am nächsten Morgen können wir noch einmal zusammen frühstücken, da Tim erst kurz nach neun losmuss zur Schicht. Zwar haben wir so nur etwas über eine Stunde zusammen, aber dennoch ist es schön, den gemeinsamen Morgen zu haben. Tim trinkt den letzten Schluck Kaffee und steht auf, um sich anzuziehen. Ein letzter Abschiedskuss für uns, dann muss er los. Es ist Samstag, das bedeutet 12-Stunden-Schicht, und es bedeutet auch, dass Tim erst nach zehn am Abend nach Hause kommen wird. Tim und Ben werden sich heute nicht mehr sehen. Leider endete mit diesem Morgen auch der «Luxus» der zwei freien Tage. Durch das erholungs- und familienfeindliche Dienstzeitenmodell hat Tim durch die etwas entspanntere Zeit viele Überstunden abgebummelt und muss nun wieder zurück in den alten Trott, um nicht ins Minus zu rutschen. Und das geht eben nur mit vielen Dienstantritten und vor allem dem Arbeiten an Wochenenden, da hier nicht von vornherein wie innerhalb der Woche Stunden abgezogen werden. Jede gearbeitete Stunde ist also ein Netto-Plus. Die letzten verbliebenen Überstunden will Tim sich erhalten. Vor allem mit Blick auf die Schwangerschaft und hier vor allem die Endphase, um dann mehr da sein zu können, wenn seine Unterstützung noch mehr gebraucht wird.

Der G-20-Gipfel rückt nun immer näher. Schon zum Jahreswechsel machte in Polizeikreisen die Ankündigung die Runde, dass in dieser Zeit niemand mit Freizeit zu rechnen braucht. Zum einen wird auch in Berlin zu diesem Zeitpunkt von einer besonderen Sicherheitslage ausgegangen und es braucht Kräfte auf den Straßen. Zum anderen wird der Großteil der Einsatzhundertschaften in Hamburg sein, sodass es hier verstärkt die Unterstützung der Alarmhundertschaften brauchen wird. Immer wieder hört man munkeln, dass sich radikale Kräfte diese Umstände zu nutzen machen könnten. Der 1. Mai ist gerade erst überstanden. Sehr gut überstanden sogar. Die Sorgen aber bleiben erhalten. Aus Hamburg hört man inzwischen von zunehmenden Fällen von Übergriffen auf Polizisten und ihre Familien im Privatleben. Und auch wir hatten letztens doch diese komische Situation mit dem unbekannten Mann, der Tim auf dem Heimweg und an unserem Auto beobachtet hat.

Was wird in Berlin zum G-20-Gipfel los sein? Was planen Autonome? Wird es für Tim gefährlicher sein als sonst schon? Ich trage ein diffuses Geflecht aus Sorgen und Ängsten, aber auch bemühter Beruhigung und positiven Gedanken mit mir herum. Tim ist unberührt wie immer. Er macht sich erst Gedanken, wenn es so weit ist, sich wirklich welche machen zu müssen. Bewundernswert. Dennoch bleibt er aufmerksam.

Viele ungute Gerüchte machen in diesen Tagen die Runde. Autonome, die für Berlin Schlimmstes androhen. Daher beunruhigt Tim eher, dass die eh schon dünn besetzten Abschnitte nun auf noch mehr Kräfte verzichten müssen, weil zahlreiche AHus einberufen werden könnten. Da es in Berlin eine große und teils sehr radikale linke Szene gibt, ist die Sicherheitslage dann auch hier eine andere. Das muss alles irgendwie beachtet und organisiert – und, wenn der Ernstfall wirklich eintritt, auch bewältigt werden.

Dann ist es so weit, der Tag des G-20-Gipfels ist da. Ich starre fassungslos auf die Bilder aus Hamburg, die Samstagmorgen pausenlos im Fernsehen laufen. Während Ben über den Tag um mich herum sein ganzes Playmobil in der Stube aufbaut und spielt, bin ich völlig überfahren von dem Gesehenen und hin und her gerissen, mich mit Ben zu beschäftigen, aber gleichzeitig auch wissen zu wollen, was über Nacht geschehen sein muss, damit die Lage so eskaliert. Ich erkläre Ben, dass diese Bilder aus Hamburg kommen und nicht aus Berlin. Wir waren schon einmal in Hamburg, und er erinnert sich, dass wir lange mit dem Zug fahren mussten. Hamburg ist in seiner kindlichen Wahrnehmung weit weg – das beruhigt ihn. «Was macht Papa gerade?», fragt er dennoch und will sich damit auch ein Stück weit versichern, dass es seinem Papa gut geht. «Papa fährt Funkwagen mit seiner Kollegin und hat mir geschrieben, dass alles ruhig und wie immer ist. Er kommt auch bald nach Hause», erzähle ich. Und ich erkläre ihm, dass mich die Ereignisse in Hamburg sehr beschäftigen und ich deshalb immer wieder schaue, was geschieht. Solange ich gleichzeitig auch ihm zusehe und wirklich zuhöre und antworte, scheint es für ihn okay zu sein. Dennoch frage ich mich natürlich, ob es richtig ist, diese Bilder laufenzulassen, und behalte Bens Umgang damit sehr genau im Auge. Bis auf die Tatsache, dass eine große Baustelle um ein Haus herum, das abgerissen werden soll, den Verkehr behindert und ein Stau durch die halbe Stube entsteht, gibt es in seiner kleinen Welt gerade keine wirklichen Probleme.

«Was macht Papa gerade?», hat Ben mich eben gefragt. Und ich frage mich, wie viele Kinder von Polizisten sich an diesem Morgen ebendiese Frage stellen und keine so einfache und sichere Antwort bekommen wie unser Sohn. Ich erinnere mich an einen Zeitungsartikel vor ein paar Tagen über Frauen von Hamburger Bereitschaftspolizisten vor dem G-20-Gipfel und wie sie schilderten, dass sich die Männer für diese Zeit von den Familien quasi verabschiedet hätten. Eines der Kinder hatte seinen Geburtstag weitestgehend ohne Papa feiern müssen, ein anderes sei zu den Großeltern geschickt worden, da die Mama, die zur Arbeit pendeln muss, es nicht anders hatte lösen können. Eine der Mütter sagte, sie sei froh, dass ihre kleine Tochter nichts von den Sorgen mitbekäme. Ich vermute, es ist anders. Auch Ben wirkt oft, als bekäme er es gar nicht mit. Aber Kinder haben sehr feine Antennen, und ich bin der Meinung, es reicht schon, wenn sie spüren, dass etwas in der Luft liegt, etwas anders ist als sonst. Erst recht, wenn sie Verletzungen mitbekommen. Was all das mit ihnen macht – wer kann das schon sagen?

Fest steht, auch für die Familien der Polizisten bedeuten konfliktträchtige Großereignisse wie G-20 eine außergewöhnliche Belastung. Irgendwie hat man immer mehr Sorgen als die meisten anderen, so empfinde ich es zumindest. Wie jeder andere mache ich mir beim Sehen dieser Bilder Sorgen um die Gesamtsituation und leide mit denen, denen körperlicher oder materieller Schaden zugefügt wird. Aber ich sehe zusätzlich noch, dass egal, was noch passiert, dort auch Menschen stehen, die persönlich nichts damit zu tun haben, jedoch die Verantwortung für die Situation und ihren Ausgang übernehmen müssen und jede Eskalation als Erste abbekommen werden. Ich sehe Bilder von Polizisten, die einen Kollegen aus dem Geschehen ziehen müssen, weil er selbst nicht mehr in der Lage ist, Schutz zu suchen. Ich sehe Bilder von Polizisten, die völlig erschöpft auf Gehwegen und in Gebäuden zusammenbrechen, vor

Erschöpfung gar einschlafen. Ich sehe Bilder von Polizisten, die mit Steinen, Flaschen, Böllern und anderem Kram beworfen werden. Sie haben nur ihre Schutzkleidung und ihre Kollegen, die sich eng zusammenstellen, um sich gegenseitig wenigstens etwas Schutz zu bieten. All das sehe ich – und sehen Polizeiangehörige – vermutlich mit anderen Augen als der Rest der Bevölkerung. Die Bilder zeigen mir völlig fremde Menschen, die sicherlich auch immer Fremde für mich bleiben werden. Dennoch empfinde ich das, was sie – und ihre Familien, die ich mir nur vorstellen kann – gerade durchmachen, als so nah, als wären es Bekannte oder Freunde. Auch Tim sagt am Abend nach Dienstschluss, dass es sich für ihn irgendwie so anfühle, als wären das in Hamburg seine Kollegen, mit denen er dann morgen wieder Streife fahre. Es ist eine seltsame Art der Verbundenheit.

Die Telefone stehen an diesem Tag nicht wirklich still. Man klappert ab, wen man kennt und wen derjenige kennt, und fragt, wer vor Ort ist und wie es allen geht. Uns erreichen Nachfragen, ob Tim irgendwo in dem G-20-Chaos steckt. In den Chats von Tims Kollegen und Freunden machen schlimme Gerüchte und Geschichten die Runde, alles ist konfus und sehr belastend. Bekannte Kollegen, die in Hamburg im Einsatz sind, haben sich seit Stunden, manche gar seit einem Tag nicht gemeldet und die Sorge wächst.

Etwa 30 000 Polizisten sind im Einsatz, mindestens doppelt so viele Familienangehörige sehen deutschlandweit fassungslos und voller Sorge die Bilder, lesen die Berichte und beten zu dem, was ihnen heilig ist, dass ihr Mann, ihre Tochter, ihr Bruder, ihre Partnerin, ihre Mutter oder ihr Vater heil nach Hause kommt. Irgendwie wartet man immer auf ein Lebenszeichen, schon im normalen Berufsalltag. Wie elementar muss dieses Bedürfnis bei den Angehörigen der in Hamburg eingesetzten Polizeikräfte an diesem sommerlichen Samstag im Juli sein?

Überlastet und vorgeschoben

Noch Tage später beschäftigt das Thema Deutschland intensiv. Ob Presse, Stammtische oder die nette private Runde beim Grillen, alle haben eine Meinung zu dem, was da beim G-20-Gipfel geschehen ist. Alle Seiten fanden schnell ihren Buhmann und wussten natürlich ganz genau, was oder wer das Problem war und wie es hätte richtig gemacht werden sollen. Die meisten Aussagen und vermeintlichen Lösungen erschienen mir allerdings zu pauschal, zu einseitig und zu fern der Realität. Genauso wie es nach tödlichen Schüssen von Polizisten immer wieder die «Fachleute» gibt, die pauschalisierend sagen, man könne in einer solchen Stresssituation mit einem gezielten Schuss ins Bein den Angreifer aufhalten und sein Leben schonen, so gab es auch nach dem G-20-Gipfel wieder eine Reihe ähnlich gut informierter «Fachmeinungen». In Wahrheit kann niemand außer den Bereitschaftspolizisten nachvollziehen, wie es sich anfühlt, in schwerer Montur einem wütenden Mob gegenüberstehen und eine eskalierende Situation wieder in den Griff bekommen zu müssen. In einer sicheren, ruhigen Umgebung, ob nun im Redaktionsbüro oder im heimischen Garten, mit einem kühlen Getränk und einem leckeren Würstchen in der Hand lässt es sich ungemein realistisch einschätzen und nachempfinden. Ich finde es wenig konstruktiv und der Aufklärung kaum dienlich, wenn man nicht über seinen Tellerrand schaut beziehungsweise seine Filterblase nicht verlässt.

Ich wünsche mir eine umfassende Aufarbeitung des Einsatzes auf allen Ebenen mit kritischen Fragen zu Polizeitaktik und Sicherheitsstrategie, aber auch zu politischen und gesellschaftlichen Hintergründen. Zum einen geht es mir um die künftige Sicherheit aller Bürger. Es zeigt sich doch, dass die eine Seite einer Demo sich kriminalisiert und drangsaliert fühlt, die andere überlastet und vorgeschoben. Das sorgt für Frust und verhärtete Fronten. Auch in der Gesellschaft sorgt das für eine Polarisierung, denn während ein Teil der Menschen eine härtere Gangart fordert, verurteilen die anderen jede Handlung der Polizei immens. Die Polizei gerät dadurch immer wieder in eine Zwangssituation, in der sich der eigentliche Konflikt – nämlich Protest gegen Politik – zu einem Konflikt mit der Polizei verschiebt. Während Politiker damit aus der Schusslinie verschwinden (und dann gerne selbst gegen die Polizei wettern), müssen immer mehr Polizisten immer häufiger den Kopf hinhalten. Und das ist der zweite Punkt, warum ich eine umfassende und ehrliche Aufarbeitung fordere, denn es sind unbeteiligte Menschen mit Familien, Menschen wie wir, die diese Gegebenheiten ausbaden und mit dem Erlebten zurechtkommen müssen.

Auch in unserem Umfeld bleibt G-20 zunächst Gegenstand vieler Gespräche. Nach und nach lesen und erfahren wir immer mehr von dem, was den Polizisten an diesem Wochenende widerfahren ist. Da die Berliner Polizeibeamten wegen hoher Einsatzerfahrung bei Demonstrationen meist an vorderster Linie eingesetzt werden, haben sie die heftigen Ausschreitungen auch sehr intensiv miterlebt. Bekannte berichten davon, dass sie nicht mehr normal angesprochen, sondern nur noch angeschrien und beleidigt wurden, sie erzählen von feigen Angriffen aus dem Hinterhalt, versteckt aus der Masse heraus.

Von überall konnte etwas fliegen. Sie erzählen von brennenden Barrikaden, durch die sie laufen mussten. Seit Stunden im Einsatz, kein Essen, keine Toilette, kaum bis kein Schlaf, ständige Anspannung, körperliche Anstrengung und immerzu die Fragen: Wie lange noch und was wird mich noch erwarten? Ich höre von einem Kollegen, dass er nach 20 Stunden im Dienst in einem ruhigen Moment plötzlich im Stehen einschlief. Wieso macht man das mit? Wie kann man das überhaupt schaffen? Ich kenne die Antwort auf die Frage bereits, denn ich habe sie so oder ähnlich oft von Tim und Anna gehört, wenn sie von AHu-Einsätzen berichten: Standhaft bleiben, Zähne zusammenbeißen und irgendwie die Situation bewältigen. Durchhalten, für sich, aber auch für die Kollegen, die jederzeit in Gefahr geraten können oder schon geraten sind, und sich gegenseitig unterstützen.

Ich versuche mir vorzustellen, wie es sich anfühlen muss, wenn die Situation um einen herum so heftig eskaliert. Aber ich kann nichts fühlen, als dass ich enorme Angst hätte. «Da hat man trotz Schutzkleidung auch Angst», sagt Tim. Mein Blick bleibt lange an ihm haften. Während sich die anderen weiter unterhalten, kommen mir fast die Tränen vor Erleichterung, wie verhältnismäßig wenig ihm doch bisher in all den Jahren widerfahren ist. Körperlich zumindest. Welche Verletzungen seine Seele davonträgt, kann ich nicht ermessen. Und dann wünscht sich eine leise Stimme kurz in mir, dass er einen anderen Beruf hätte, einen langweiligen und sicheren. Aber Tim ist kein Mensch für langweilig und sicher. Er hat seine Berufung gefunden und wird sie mit (fast) allen Konsequenzen bis zum Ende leben.

Mir kommen die Bilder von jenen Hamburger Bürgern in den Sinn, die Naschkram und Getränke an die Polizisten verteilten, die sich bei ihnen bedankt und ihnen Rückhalt gegeben haben.

Eine meiner Bekannten, die in Hamburg lebt und das aufgeheizte Klima im Vorfeld des G-20-Gipfels in ihrer Stadt und dann leider auch die Ausschreitungen vor der Haustür live mitbekam, steht nicht jedem polizeilichen Handeln unkritisch gegenüber, das sie beobachtet hat. Aber sie kann das von dem Verhalten der anderen Polizeibeamten trennen und drückte, wie viele andere Hamburger auch, ihre Anerkennung für deren Leistung aus. Fehler einiger sind eben nicht die aller, problematisches Handeln Einzelner sollte nicht die enorme Leistung aller anderen schmälern. Gleichzeitig müssen diese Vergehen dann aber unabhängig, transparent und konsequent untersucht und geahndet werden, um die Glaubwürdigkeit der Behörde und der überwiegenden Mehrheit der Polizisten, die sich nichts zuschulden haben kommen lassen, zu bewahren.

Insgesamt verdeutlicht das Geschehen rund um den G-20-Gipfel nur einmal wieder, in welchem Spannungsfeld sich die Polizei bewegt. Und wie oft die einzelnen Beamten für politische Dispute vorgeschoben und den Konsequenzen überlassen werden.

Es braucht eine große Polizeifamilie

Wir werden häufig gefragt, woher Tim jeden Tag von neuem die Motivation nimmt, warum er seinen Beruf unter diesen widrigen Umständen weiterhin ausübt. Seine Antwort lautet immer: Es sei einfach cool, mit einem Streifenwagen zu fahren. Das sagt er natürlich mit einem Augenzwinkern. Aber im Ernst wählte Tim diesen Job aus Überzeugung, und es ist noch immer der tollste Job der Welt für ihn. Außerdem arbeitet er, wie er findet, mit der besten aller Dienstgruppen zusammen. Sie ist ihm heilig. Er sagt immer, wenn er schon mehr Zeit mit ihnen verbringe als mit seiner Familie, dann müssten die Menschen auch gut zueinanderpassen. Im Zweifel lege man ihnen ja auch das eigene Leben in die Hände und sie einem das ihre. Das schweiße zusammen.

Weil ich dankbar bin, dass Tim diesen Rückhalt bei sich auf dem Abschnitt erfährt, und weil ich jedem einzelnen Polizisten hohe Anerkennung und Dankbarkeit entgegenbringe, bringe ich gerne ab und zu der Dienstgruppe etwas vorbei. Zu Weihnachten Kekse, im Sommer Eis, Pizza für die Nachtschicht. Einfach nur kleine Aufmerksamkeiten, um Nettes zu tun und danke zu sagen. Ich kenne leider nur eine Handvoll von Tims Kollegen, und die auch nur recht oberflächlich. Das finde ich schade, da ich viel von ihnen höre und sie so viel Zeit mit meinem Mann verbringen. Mein Wunsch wäre es, wenn man als große «Polizistenfamilie» enger zusammenstehen würde. Gerade weil die Zustände in Berlin so zermürbend sind.

Über das eigene Gefühlschaos und die besonderen Herausforderungen im Alltag zu sprechen ist nicht einfach. Zum einen trägt jeder sein Päckchen, zum anderen können viele die Umstände nicht so richtig nachvollziehen. Sich aber mit jemandem auszutauschen, der in denselben Schuhen geht, erlebe ich immer als wohltuend und kraftspendend. Die Möglichkeit dazu habe ich leider nur wenige Male im Jahr oder indirekt, wenn ich die Geschichten anderer Partner von Polizisten höre und lese, weil mir der enge Kontakt zu anderen Angehörigen fehlt. Wir Angehörigen sollten uns in jedem Falle mehr verbinden, auch mehr verbünden. Wenn unsere Partner schon täglich den Kopf hinhalten und auch Prügelknaben für manche Medien und Politiker sind, dann sollten wir nicht nur still im Hintergrund Halt und Hafen bieten, sondern wir müssten auch viel lauter in den Vordergrund treten, eine Lobby für die Polizei sein. Für unsere Partner und auch für uns einstehen. Denn jede Entscheidung, die den Polizeiberuf betreffend gefällt wird (Ausstattung, Lohn, Arbeitszeiten, rechtliche Einordnung und öffentlicher Rückhalt – oder eben genau das nicht), betrifft immer auch uns. Obwohl wir wissen, dass mit der Berufswahl immer auch gewisse Konsequenzen einhergehen – und ich gehe davon aus, dass die meisten die Grundsätzlichkeit wie Schichtdienst und Unplanbarkeit von freien Tagen an Wochenenden und Feiertagen gut akzeptieren können –, müssen wir es dennoch nicht akzeptieren, wenn (politisch gewollter) Raubbau an der Behörde betrieben wird und das an die Substanz der einzelnen Menschen geht. Wir müssen es nicht akzeptieren, wenn unseren Angehörigen Respektlosigkeit, Ablehnung und Gewalt entgegengebracht wird. Wir müssen es nicht akzeptieren, dass Polizeibeamte nicht demonstrieren dürfen und sich in Berlin oft nicht einmal trauen, Kritik offen zu äußern, weil sie negative Konsequenzen befürchten müssen. Gemeinsam hätten wir sicher noch einmal ganz neues Gewicht, könnten Missstände losgelöst von Partei- und Gewerkschaftszugehörigkeit aufzeigen und stärker Druck ausüben.

Denn real ist, dass man als Familie die Not immer gemeinsam fühlt. Ich nehme es inzwischen arg persönlich, dass meinem Mann aufgrund seines Berufes von einigen Seiten die Menschlichkeit abgesprochen wird. Ein Mensch, der sich für diesen Beruf entschieden hat, weil er helfen will, weil er für Gerechtigkeit und Sicherheit einstehen, weil er eben auf der guten Seite stehen will und Ideale hat. Der mit der Ausübung dieses Berufes hart auf dem Boden der Realität aufschlug und leider schnell lernen musste, dass, zumindest was die Gerechtigkeit angeht, oft nicht genug getan werden kann. Der Mensch, der dennoch jeden Tag aus Überzeugung hilft, rettet und Sicherheit bietet, dazu viel zu häufig selbst auf Sicherheit und Unversehrtheit verzichten muss. Ausgerechnet dieser Mensch soll also all das Schlechte in sich vereinen, was Polizisten so nachgesagt wird, und das schlimmste Schicksal verdienen, nur weil er diesen Beruf wählte? Und er soll stillschweigend in gesundheitsgefährdenden und zermürbenden Umständen arbeiten, als wäre er Eigentum dieser Landesregierung? Ja, das greift mich persönlich extrem an! Und ich akzeptiere all das nicht mehr.

Auch wenn ich von der Kritik von Medien und Politik im Allgemeinen sprach, kann ich da sehr wohl differenzieren, weil ich genau verfolge, wer da was sagt. Auch habe ich nichts gegen Kritik. Eine Demokratie lebt nur, wenn alles und jeder auch kritisch hinterfragt werden darf. Und vor allem ist es gerade bei

Staatsorganen enorm wichtig, sie und ihr Handeln aufmerksam im Blick zu behalten. Aber hier in Berlin werden zum Teil Aussagen getroffen, die weit über Kritik oder meinetwegen auch konstruktive Provokation hinausgehen. Als würden Polizisten, die zum Beispiel von ihrer Dienstwaffe Gebrauch machen mussten und damit im schlimmsten Falle ein Menschenleben beendeten, sich abklatschen, stolz nach Hause gehen und sich auf das nächste Mal freuen. Ich hoffe inständig, dass niemand, der das auch nur andeutet, bei wirklichem Nachdenken noch immer davon überzeugt ist. Das ist wirklich menschenverachtend! Vielleicht liest ja der eine oder andere meine Zeilen und erkennt, dass Polizisten viel sehen, viel erleben und leider auch einiges tun müssen, was auch ihre Seele angreift, vielleicht sogar zerstört. Denn das sind sie: Menschen mit Seelen, mit Gefühlen und all dem Kram, den auch alle anderen Menschen so mit sich herumschleppen. Sie müssen einfach nur stark kopfgesteuert und stärker, sicher auch härter sein als andere Berufsgruppen.

Wenn ich Polizisten sehe, habe ich immer ein wenig das Verlangen, sie zu grüßen, so als wären wir in einem besonderen Club, als wären wir – also die Polizisten und deren Partner – wie eine Art Familie. Ich möchte mich irgendwie als Angehörige zu erkennen geben und ihnen alles Gute wünschen. Passt auf euch auf und kommt immer gesund heim. Das ist unfassbar kindisch und irgendwie blöd elitär, ich weiß. Aber ich wünsche mir eben mehr Verbundenheit.

Wir Angehörigen erleben es hautnah mit, wenn unsere Partner verärgert, verletzt, verstört, entmutigt, kraftlos nach Hause kommen und sich nach und nach merklich durch ihren Berufsalltag verändern. Die einen sind entspannter, haben vielleicht auch ein ruhigeres Einsatzgebiet, die anderen nehmen jeden Mist mit, den man so erleben kann. Und so individuell wie die Erlebnisse sind, so individuell wird damit umgegangen. Es gibt Familien, die halten das aus. Es gibt Familien, die zerbrechen daran.

Das lässt mich an den Kult denken, den die US-Amerikaner um ihre Institutionen wie Polizei und Feuerwehr machen, und auch daran, dass die britische «thin blue line» sich international immer mehr durchsetzt – ein dünner blauer Streifen zwischen zwei großen schwarzen, meist als Armband oder Anstecker getragen. Dieses Zeichen hat dreierlei Bedeutung: Zum einen steht es für die Leistung der Polizisten zum Schutz der Bevölkerung, die dünne blaue Linie als Grenze zwischen Gut und Böse. Die Linie repräsentiert auch die Polizisten, die jeden Tag ihr Leben riskieren, und sie ist zum anderen ein Symbol des Gedenkens an die Polizeibeamten, die während der Ausübung ihres Berufes starben. Glorifizieren der Polizei- und Rettungskräfte sowie der «thin blue line» ist zugegebenermaßen äußerst pathetisch, aber zugleich auch wertschätzend, berührend und stärkend. Sie ist Zeichen, dass man nicht allein ist. Allein mit seinen Sorgen, seinen Ängsten, seinen Zweifeln und seiner Wut, seinem Glück, seinem Stolz. All das empfinden viele Tausende Menschen ebenfalls, weil sie in der gleichen Situation sind und man sich Halt gibt in seiner Ähnlichkeit.

Die Reaktionen auf meinen offenen Brief an den damaligen Polizeipräsidenten haben mich überwältigt und mir gezeigt: Da gibt es noch so viele andere, die ähnlich empfinden, die dankbar sind, dass es endlich einmal jemand ausspricht. Während ich mich selbst sonst immer ermahne, nicht weinerlich zu werden und mich auf das Gute zu konzentrieren, erfahre ich plötzlich, dass es vielen ähnlich geht wie mir. Nicht ich bin zu weich, sondern es ist in der Tat manchmal eine Zerreißprobe, mit einem Polizisten liiert zu sein. Das gibt Kraft und Mut. Und bestätigt mich in meinem Wunsch nach mehr Verbindung untereinander über die eigene Familie hinaus zu einer großen «Polizeifamilie». Als Unterstützung für die Polizisten, aber eben auch die Angehörigen selbst.

Vorbereitungen

Mit einem Polizisten als Familie zusammenzuleben ist eine Herausforderung. Eine Familie zu sein und dann noch ein Baby zu erwarten ist noch einmal eine ganz andere Sache. Lange spielt die Schwangerschaft in unserem Alltag nur eine untergeordnete Rolle. Einzig das über Monate anhaltende Erbrechen den ganzen Tag über und der wachsende Bauch erinnern stets und ständig an das neue Familienmitglied. Durch die Übelkeit kann ich nur noch wenig essen, durch das Erbrechen verliere ich das bisschen Nahrung oft auch noch. So fühle ich mich bereits in der Mitte der Schwangerschaft ziemlich ausgemergelt und müde. «Du hast abgenommen, oder? Vor allem dein Gesicht ist ganz schön schmal geworden», stellen Kollegen fest. Und als der Bauch nun nicht mehr zu übersehen ist, fragen sie und Freunde zunehmend, ob wir schon ein Kinderzimmer haben, ob wir noch irgendetwas gebrauchen können, wie es halt so läuft. Immer wieder nehme ich mir vor, loszugehen und die nötigen Dinge für das Baby zu besorgen, schaffe es dann aber meist doch nicht. Wir machen uns Gedanken, wie wir die Zeit nach der Geburt am besten regeln. Wie lange bleibe ich zu Hause? Nimmt Tim auch Elternzeit, und wenn ja, wie lange? Was machen wir, wenn die Aussicht auf einen Kita-Platz zur rechten Zeit so trüb bleibt? Wie überbrücken wir die Monate zwischen meinem Arbeitsbeginn und dem Kita-Platz? Gehe ich mit den Stunden herunter und betreue das Kind nebenbei in Vollzeit? Bleibe ich doch länger zu Hause? Können wir uns das überhaupt leisten? So zermartern wir uns den Kopf und rechnen hin und her. Am Ende bleibt nur das Pokern. Länger als ein Jahr Elternzeit zu nehmen ist ein zu hohes finanzielles Risiko, weniger Stunden zu arbeiten nicht einfach so möglich. Plan A muss also klappen. Klopf auf Holz.

Aufgrund eines glücklichen Zufalls finde ich eine Hebamme, eine nette noch dazu. Um uns kennenzulernen und alles durchzusprechen, treffen wir uns zu einem Kaffee. Sie erzählt mir, dass sie gerade eine Mama betreut, eine Polizistin, die verpflichtet wurde, während ihres Mutterschutzes zu einem Gerichtstermin zu erscheinen. Sie soll eine Aussage zu einem ihrer Fälle machen. Gesundheitliche Gründe, die dagegensprechen, interessieren offensichtlich nicht, und so bleibt ihr nur, wie gefordert bei Gericht zu erscheinen. Als ich Tim später ärgerlich davon erzähle, verwundert es ihn kaum. Denn auch in seinem Bekanntenkreis kennt er einen solchen Fall. Ein Kollege wurde ebenfalls in seiner Elternzeit verpflichtet, bei Gericht zu erscheinen. Wenn man sich überlegt, dass das Dienstverhältnis während der Elternzeit ruht, man bekommt ja auch keinen Lohn währenddessen, ist ein Tag bei Gericht ein unbezahlter Arbeitstag, der einem einfach ersatzlos von der kostbaren Zeit zu Hause weggenommen wird. Eine Frechheit.

Neben normalen Sorgen, die sicherlich die meisten Familien haben, fragen wir uns nun in der zweiten Hälfte der Schwangerschaft auch zunehmend, wie wir das mit den Vorbereitungen und der Geburt regeln. Wie plant man ein unplanbares Ereignis, wenn man kaum Regelmäßigkeit im Alltag hat? Und wenn man das meiste im Alltag alleine bestreiten muss, auch weil Freunde und Familie nicht in der Nähe leben? Was mache ich also, wenn Tim im Dienst ist und nicht erreichbar? Werden meine Freundin Carla, die im Notfall für Tim einspringt, oder meine Eltern, die sich um Ben kümmern sollen, rechtzeitig da sein können? Was, wenn sie gerade bei der Arbeit sind oder ich mitten in der Nacht Wehen bekomme? Ben war eine Sturzgeburt, das heißt, dass wir bei der nächsten Entbindung sicherheitshalber alles möglich schnell erreichen können müssen. Nun kann es in Berlin aber schwierig werden, ein in der Nähe liegendes Krankenhaus mit Entbindungsstation zu finden, das einen dann auch noch aufnimmt. Unser bevorzugtes ist zwei Bezirke entfernt. Bewahre uns davor, dass die Geburt mitten im Berufsverkehr losgeht! Alles unplanbar eben. So entwerfen wir mehrere mögliche Szenarien und sichern uns für jeden dieser Fälle unterschiedlich ab.

Mal bin ich entspannt, dass alles schon gutgehen wird. Mal schiebe ich Panik, dass alles Ungünstige zusammenkommt. Ich kann nur hoffen, alles irgendwie bedacht und abgedeckt zu haben. Auf jeden Fall bleibe ich immer ein bisschen beunruhigt, was die Hormone vermutlich noch begünstigen. Wie werde ich den Alltag bewältigen mit einem Neugeborenen, das seinen ganz eigenen und durch grundlegende Bedürfnisse geprägten Tagesablauf hat, und einem größeren Kind, das seine Bedürfnisse zwar auch einmal kurzfristig hintenanstellen kann, aber bereits Termine und Verpflichtungen einhalten muss? Egal wie es mir oder dem Baby geht, Ben muss pünktlich in der Kita sein. Sauber, satt, angezogen und mit allen notwendigen Dingen, die er für den Tag braucht. Sollte das Baby auf dem Weg in die Kita oder zurück irgendwelche Bedürfnisse haben, muss es warten, bis wir wieder zu Hause sind. Den Sorgen, Wünschen und Bedürfnissen zweier Kinder gleich gerecht zu werden wird eine neue Herausforderung sein. Dabei auch nicht zu vergessen, dass man als Mutter nicht alles schaffen kann – und auch nicht muss –, meinen an mich gestellten Perfektionismus, auch zugunsten meiner Gesundheit, zum Schweigen zu bringen wird sicher eine stete Aufgabe sein. Wie werde ich es später managen, wenn ich durch die halbe Stadt hetze und es schaffen muss, zwei Kinder rechtzeitig von Schule und Kindergarten abzuholen? Ich weiß, man wächst mit seinen Aufgaben und es wird sich alles irgendwie fügen. Aber etwas Bammel habe ich schon.

Außerdem habe ich mir immer schon Gedanken gemacht, was ich tun soll, wenn Tim mal etwas passiert, habe überlegt und gerechnet, wie ich es als Alleinerziehende dann schaffen kann. Im fortgeschrittenen Stadium der Schwangerschaft übermannen mich diese Sorgen manchmal sehr stark. Wenn Tim dann nach einer Nachtschicht über längere Zeit nicht nach Hause kommt, steigt fast schon Panik in mir auf. Ich mache das mit mir selbst aus. Und ich bemühe mich, solche Gedanken nicht zu verurteilen, sie sich aber auch nicht festfressen zu lassen. Es wird alles gut! Positiv denken! Schließlich fühle ich ja auch gerade nicht für mich allein. Und das Baby wird vermutlich noch früh genug in seinem Leben bemerken, dass mit dem Beruf von Papa immer auch Sorgen verknüpft sind.

An einem Morgen, an dem sich meine Gedanken beim Zähneputzen wieder in diese Richtung verlieren, berühren plötzlich kleine Hände meinen Bauch. Ben ist aufgestanden und zu mir ins Bad gekommen. Nun drückt er seinen Mund dicht an die inzwischen große Murmel und sagt mit tiefer Stimme: «Guten Morgen. Hallo, hallo.» Dann streichelt er den Bauch noch kurz und wendet sich schließlich plappernd wie ein Äffchen mir zu. Während er über einen Freund in der Kita und Ideen für ein

Spiel mit ihm spricht, bin ich noch immer tief berührt. Ich bin doch gar nicht so allein. Ich habe ein großartiges Kind. Und ich werde noch eines bekommen. Wir sind eine Familie, wir haben uns, und schon jetzt, in seinem jungen Alter, kann mir Ben bereits mit unbewussten Gesten so viel Halt schenken.

Unwort des Jahres: Glaubwürdigkeit

Während die Schwangerschaft zu Beginn große Wellen schlug und mich sehr beschäftigte, geht sie nun im Alltagsgeschehen fast schon unter. Der Alltag ist schließlich nicht mit einem Schlag weniger stressig, weil sich ein neues Leben ankündigt. Böse schlägt man in Berlin auf dem Boden der Realität auf, wenn man sich um Hebamme, Krankenhaus für die Entbindung und Kita-Platz kümmern möchte. Die Weltstadt Berlin mit 3,5 Millionen Einwohnern ist mit Babys überfordert. Aber das ist ein anderes Thema. Jedoch, bei vielem in dieser Stadt bleibt nur Kopfschütteln, und auch die Berliner Polizeibehörde ist in der letzten Zeit sehr sportlich im Sammeln der Unmöglichkeiten und Skandale.

Das macht auch etwas mit den Polizisten. Stets und ständig wird ihnen gepredigt, dass sie (auch im Privaten) die Behörde repräsentieren und sich dementsprechend vorbildlich zu verhalten haben, während die Behördenleitung diesen Anspruch für sich nicht in allen Belangen zu sehen und oft taten-, gar hilflos scheint. So häufen sich die Probleme. Die Polizeibasis arbeitet hart und viel – zu viel. Die Polizisten halten den Laden am Laufen, und manchmal, so sagt es Tim, verzweifele man schon darüber, wie sehr die Behörde insgesamt durch all die Probleme und Skandale in Verruf gerate, weil sie an manchen Stellen schlecht arbeite, an anderen falsch. Aber, fügt er hinzu, meist bleibe nur ein Kopfschütteln, denn er habe gar keine Zeit, groß darüber nachzudenken, dazu müsse er zu viel arbeiten.

Viel mehr muss man wahrscheinlich gar nicht hören, um einen Eindruck von den Zuständen zu bekommen. Es reicht schon fast, von dem Einbruch in die Polizeihistorische Sammlung zu erfahren. Diese Sammlung befindet sich im Polizeipräsidium, nur wenige Gänge weiter sind die Büros des Polizeipräsidenten und des Polizeilichen Staatsschutzes. Und es reicht zu hören, dass an drei Abschnitten eingebrochen wurde, um an sichergestellten Fahrzeugen Spuren zu beseitigen oder gleich ein Auto zu klauen. Als dies bestätigt wird und wir darüber sprechen, ist Tims lapidare Antwort: «Ist mir zu peinlich, will ich mich gar nicht weiter mit beschäftigen.» Und das ist es auch. Die Vorfälle sind peinlich, sollten vermutlich auch deswegen nicht an die Öffentlichkeit gelangen. Nun ja.

An die Öffentlichkeit gelangt im selben Jahr auch eine Sprachnachricht, die das Benehmen von Polizeischülern an der Polizeiakademie mit argen Worten kritisiert. Vom «Feind in den eigenen Reihen» spricht der Ausbilder, der anonym bleibt. Kurz darauf entbrennt eine hitzige Berichterstattung über Zustände in der Akademie. In den Fokus rücken auch Ausbildungsstrukturen, die in den letzten Jahren umfangreich verändert wurden, und angeblich gesenkte Ansprüche beim Auswahlverfahren für Bewerber, um Ausbildungsjahrgänge füllen zu können. Besonders pikant sind die Vorwürfe, Familienmitglieder krimineller Clans hätten die Polizei unterwandert. Ein Polizeischüler hat nachweislich Kontakt zur organisierten Kriminalität, Konsequenzen gab es deswegen für ihn bisher nicht. Der zeitweise sehr aufgebauschte Skandal stößt Tim sauer auf. Zum einen sieht er die schon lange schwelenden Sorgen um die persönliche Eignung einiger Polizeianwärter, aber auch um die Ausbildung der kommenden neuen Kollegen bestätigt, zum anderen ist es offenbar wieder einmal so, dass die angesprochenen Missstände der Polizeiführung seit längerem bekannt waren.

Viel diskutieren wir über den Brief des Polizeipräsidenten an die Berliner Polizisten anlässlich der Diskussionen um die Polizeiakademie, der sich sehr auf diejenigen fokussiert, die Kritik äußern, und nicht auf die unhaltbaren Zustände, die von einigen Ausbildern, Anwärtern und anderen Kollegen angeprangert werden. Außerdem ärgert uns der ständige Vorwurf der Polizeiführung und auch des Innensenators Geisel, Bedenken zum Nachwuchs seien fremdenfeindlichen Ressentiments geschuldet. Diese Fälle gibt es natürlich, aber Tim greift dieser Vorwurf an. Ihm geht es bei der Diskussion nicht um Nationalität, Religion oder Geschlecht, sondern um Eignung und kompetente Ausbildung. Außerdem vermisst er eine Kultur in seiner Behörde, in der man Bedenken und Probleme ansprechen darf, ohne gleich als Querulant und Nestbeschmutzer oder eben intolerant abgestempelt und durch weitere Repressalien abgestraft zu werden. Aber ebenso findet es Tim bedenklich, wenn die Menschen durch solche Berichte das Vertrauen in die Behörde verlieren und damit auch in all die Kollegen, die tagtäglich mit Einsatz und Herzblut – und auch hoher Opferbereitschaft – für die Sicherheit der Bürger sorgen.

Vor dem Wirbel um die Polizeiakademie ging es um defekte Schießanlagen, durch die wohl zahlreiche Schießtrainer und Angehörige der Spezialkommandos zum Teil schwer erkrankten. Sie waren in den Anlagen durch eine nicht funktionierende Belüftungstechnik Pulverdampf und giftigen Stoffen ausgesetzt, was zu einer Vergiftung durch Blei, Arsen und andere Schwermetalle und damit zu Atem- und Lungenbeschwerden und sogar Krebs geführt hat. Ein Polizist ist daran bereits verstorben. Aus internen Dokumenten geht offensichtlich hervor, dass die Leitung der Behörde bereits seit Jahren über die kontaminierte Atemluft in den Schießständen informiert war, sie diese aber dennoch weiter betrieb. Inzwischen wird gegen die damalige Polizeiführung wegen Körperverletzung im Amt ermittelt, bisher ohne Ergebnis. Einzig der Berliner Innensenator Andreas Geisel hat eine schnelle finanzielle Entschädigung für die erkrankten Polizisten möglich gemacht. Dennoch, die Verantwortung möchte niemand so wirklich übernehmen. Besonders pikant ist allerdings, dass die damalige Polizeivizepräsidentin Margarete Koppers trotz des laufenden Verfahrens zur Generalstaatsanwältin ernannt wurde – damit hat sie die Aufsicht über die gegen sie geführten Ermittlungen.

Für Tim und seine Kollegen bedeuten defekte – und nun geschlossene – Schießstände, dass sie nur noch selten die Möglichkeit haben, das Schießen zu trainieren. Regelmäßiges Training ist aber unerlässlich für die Polizisten, auch weil sie die Waffe sonst nicht mehr tragen dürfen. Der logistische Aufwand für die Beamten, um regelmäßig schießen zu können, ist mittlerweile hoch – sie müssen zu den Schießständen der Bundespolizei fahren oder virtuelle Schießstände nutzen. Tim steht diesem Schießtraining mit Laserwaffen skeptisch gegenüber, denn dabei hantiert man nicht mit der eigenen Waffe, Gewicht und Handhabung von Laserpistole und echter Waffe haben nichts gemein, es gibt keine Patronen, keinen Rückstoß, kein oder nur ein simuliertes Schussgeräusch. Waffen reagieren durch unterschiedlichen Gebrauch, durch Abnutzung, Alter und eben auch den geübten Umgang damit sehr individuell. Manchmal funktionieren sie auch gar nicht: Ladehemmung. Auch damit muss man umgehen lernen. Im Zweifel entscheidet all das über Leben und Tod – ein Skandal, dass es nicht möglich ist, häufig zu trainieren. Die Sanierung der Schießstände kostet eben Geld und Zeit, wird dann gerne angeführt. Ich möchte sagen: Wenn man nichts tut, kostet es die Gesundheit, gar das Leben von Polizisten.

Sehen wir mal wieder einen Bericht mit neuen Enthüllungen zu dem Thema im Fernsehen, erlebe ich Tim ärgerlich, aber auch zynisch resignierend. Irgendwie scheint es für ihn ins Bild zu passen. Ich möchte nicht wissen, wie es sich anfühlen muss, wenn man den Eindruck gewinnt, seinem Arbeitgeber als Mensch nicht viel wert zu sein.

Egal, ob nun die ehemaligen (Vize-)Polizeipräsidenten direkt dafür verantwortlich sind oder Mitarbeiter aus ihrem Stab: Fakt bleibt, dass es ein unheilvolles Signal ist, das da an die Kollegen gesendet wird. Und es nagt sehr an der Glaubwürdigkeit dessen, was die Behördenführung ihren Kollegen sonst so sagt und verspricht.

Und während Tim sich noch mit dem Schießstandskandal und den Auswirkungen beschäftigt, gibt es schon den nächsten Skandal. Wieder tödlich, und diesmal von großem deutschlandweitem Interesse: der fragwürdige Umgang der Berliner Polizeiführung mit dem Behördenversagen beim Anschlag auf den Weihnachtsmarkt am Breitscheidplatz. Einer der Tage, die ich nie vergessen werde.

Schon einige Stunden vorher, bevor an diesem 19. Dezember 2017 etwas Konkretes an die Öffentlichkeit dringt, fängt Tim plötzlich an, viel über WhatsApp zu schreiben. Ich beobachte, wie er immer angespannter wird, während der Chat nicht mehr stillzustehen scheint. «Da ist ein Lkw in den Weihnachtsmarkt an der Gedächtniskirche gerast», sagt er schließlich beunruhigt, und ich befürchte sofort einen Anschlag. Tim und seinen Kollegen, mit denen er sich die ganze Zeit schreibt, geht es offensichtlich nicht anders, aber Tim will sich noch nicht festlegen: «Was passiert ist, steht noch nicht fest, könnte auch ein tragischer Unfall sein.» Obwohl es an dem Geschehenen nichts ändern würde, so hofft man doch, dass es kein Anschlag war. «Gibt es Tote?», frage ich nach. «Ja, einige. Es ist ziemlich furchtbar, berichten Kollegen vor Ort.» Dann schweigen wir zum Thema, weil Ben ins Zimmer kommt. Aber Tim bleibt angespannt und blickt permanent auf sein Telefon. Auch meine Gedanken hängen die ganze Zeit an dem eben Gesagten fest. Schließlich schalte ich zu den Nachrichtensendern, nichts. Ich schalte wieder weg und beschäftige mich weiter mit Ben. Minuten später frage ich doch: «Ist jemand, den du kennst, vor Ort? Und sollte ich Sophie und Carla etwas sagen? Sie wohnen in Charlottenburg?» – «Nein, sag deinen Freundinnen erst einmal noch nichts», antwortet Tim.

Einige Zeit darauf bringen wir Ben zusammen ins Bett, gedanklich abwesender als sonst. Dennoch genießt Ben die seltene Anwesenheit von Mama und Papa, freut sich, dass Papa heute mal vorliest, und schläft nach kurzer Zeit selig ein. Wir schließen die Kinderzimmertür und setzen uns wieder in die Stube. Ich sehe, dass ich während der Zeit eine Eilmeldung auf dem Smartphone bekommen habe, und schalte den Fernseher ein. Noch keine Sendungen, aber erste Tickernachrichten laufen, und nur wenig später beschäftigen sich die Nachrichtensender ausschließlich mit den Geschehnissen auf dem Weihnachtsmarkt. Tim wechselt gebannt vom Fernseher zum Telefon und wieder zurück. Ich frage ihn, ob er Bekannte in dem Abschnitt hat. Keinen, der gerade im Dienst ist. Wirre Gerüchte werden über die WhatsApp-Gruppen und auch die Nachrichten verbreitet. Erste Freunde und Familienmitglieder melden sich bei uns, fragen, ob es uns gut geht. Gleichzeitig überlegen wir, bei welchen unserer Freunde und Bekannten wir nachfragen sollten, ob alles okay ist.

Ständig wirkt Tim wie auf dem Sprung. Schließlich sagt er: «Ich frage mal auf dem Abschnitt, ob ich kommen soll. Vielleicht werden Kräfte zusammengezogen; ich werde auf jeden Fall einspringen.» Er geht telefonieren und ich bleibe zurück. Hoffentlich geht er nicht, denke ich. Gleichzeitig kann ich nachvollziehen, dass er jetzt nicht tatenlos auf dem Sofa sitzen will, wenn er irgendwo helfen könnte. Nach einer Weile kommt Tim zurück und setzt sich wieder auf die Couch. «Du ziehst dich nicht an. Bleibst du also?», frage ich. Noch würden auf dem Abschnitt keine zusätzlichen Leute gebraucht, aber man melde sich bei ihm. Auch wenn er in dieser Nacht zu Hause bleiben wird, hatte ich dennoch die ganze Zeit über das Gefühl, dass er vor dem Telefonat sprichwörtlich seine Straßenschuhe angezogen und dann die ganze Zeit nicht mehr ausgezogen hatte. Und ich ahnte: Wären Ben und ich nicht gewesen, er wäre definitiv zum Abschnitt gegangen, ohne vorher zu fragen.

Am nächsten Morgen ist die Lage zwar klarer und ruhiger, aber die Anzahl der Verletzten und Getöteten ist erschreckend. Tim bleibt noch immer irgendwie auf dem Sprung.

Anna ruft an und beide sprechen über den Anschlag. Sie war gestern Abend im Dienst und berichtet von einer unwirklichen Nacht, weil nur wenige Kilometer entfernt das totale Chaos herrschte und sie mit ihren Kollegen währenddessen Streife fahren und den Dienst aufrechterhalten musste. Das starke Bedürfnis, über ihr Soll hinaus zu helfen, empfand auch sie. Nach Dienstende fragte sie noch einmal nach, ob sie jetzt auch wirklich gehen solle. «Es kam für mich überhaupt nicht in Frage, dass die Kollegen vor Ort sich über Stunden abrackern und furchtbare Dinge sehen müssen, und ich gehe erst einmal schön in den Feierabend», erklärt sie. Aber letztlich war es nicht erforderlich zu bleiben, und so ging sie nach Hause.

Es müssen in der Tat furchtbare Bilder gewesen sein. Noch immer sind Dutzende Polizisten und Feuerwehrleute traumatisiert, einige auch fast ein Jahr später nicht in der Lage, wieder zu arbeiten. Dass auch die Helfer Hilfe brauchen, ist nur selten Thema. Und vielleicht ist es als Polizist auch immer etwas schwerer, sich einzugestehen, dass man an diesem Punkt professionelle Unterstützung braucht, da Polizisten die Starken sind, die, die das ganze Elend, das sie sehen, locker wegstecken können. Wie und ob die Rettungsnetze innerhalb der Polizei funktionieren, kann Tim Gott sei Dank mangels Bedarf nicht beurteilen. Ich hoffe, dass die Belastungen für ihn nie so groß sein werden, dass seine Seele sie nicht mehr tragen kann. Aber ich hoffe auch, sollte es doch einmal zu viel sein, dass er es erkennt, Hilfe annimmt und dann auch von seiner Behörde unterstützt wird. Zweifel bleiben mir vor allem bei Letzterem. Leider.

Offensichtlich hat die Feuerwehr an diesem Abend trotz dünner Personaldecke und mieser Ausstattung einen großartigen Job geleistet und nicht nur den Großeinsatz, sondern parallel auch das Alltagsgeschäft gut bewältigt. Auch die einzelnen Polizisten haben mit ihrer Professionalität und ihrem Einsatz dazu beigetragen, dass der städtische Sicherheitsbetrieb und auch die Sicherung der Lage am Anschlagsort gut funktionierten. Von der polizeilichen Führungsebene kann man das offensichtlich nicht behaupten. Die Medien berichten von einem heillosen Durcheinander und viel zu spät ausgelösten Maßnahmen, unter anderem der Fahndung nach dem Attentäter Anis Amri.*

Tim ärgern sicherlich die vielen Fehlentscheidungen im Vorfeld, die in den beteiligten Sicherheitsbehörden getroffen wurden und die mit zu dem dramatischen Ausgang beigetragen haben. Ihn regen aber vor allem zwei Dinge auf: zum einen, dass Fehler aufgrund von Überlastungen und strukturellen Problemen geschahen. Überlastungen, die frühzeitig der Polizeiführung gemeldet wurden und – es wiederholt sich – einfach nicht konsequent und umfassend angegangen werden, aus denen nun aber zunehmend auch für die Bevölkerung merkliche und gefährliche (?) Konsequenzen erwachsen. Ebenso wütend macht Tim, dass durch einen detaillierten, internen Bericht schon frühzeitig die Fehler schonungslos offengelegt wurden, dieser Bericht aber monatelang von der Polizeiführung verschwiegen und sogar Akten nachträglich manipuliert wurden. Natürlich will und sollte eine Polizeibehörde nicht immer alles nach außen kommunizieren. Aber dass niemand für die Vorkommnisse Verantwortung übernimmt, ob nun nach außen als Vertreter der Behörde oder indem wirkliche Verbesserungen durchgesetzt werden, ist nicht hinnehmbar – denn glaubwürdig und verlässlich zu agieren sind essenzielle Eigenschaften für eine Polizei.

Nach all den Skandalen sind die Kommentare der Bevölkerung bitter, die Reaktionen reichen von Unverständnis, Wut, Enttäuschung bis zu Hohn und tragen nicht gerade dazu bei, die Polizei als besonders vertrauenswürdig darzustellen. Um

* https://story.berliner-zeitung.de/akte-amri/

das zu ändern, braucht es nicht zuletzt eine Polizeiführung, die weniger als Schutzschild und Wahrer der Interessen der Politik wahrgenommen als vielmehr dem realen Alltag der Polizei und deren Ansprüchen gerecht wird.

Das kleine große Glück

Erst in den letzten Zügen der Schwangerschaft kommen wir dazu, alles vorzubereiten. Es ist nicht so einfach wie gedacht, neben dem Alltag auch das Herrichten eines Kinderzimmers und alle weiteren notwendigen Vorbereitungen zu managen, wenn man nur alle paar Wochen mal einen gemeinsamen freien Tag hat. So musste alle Vorbereitung bis zu meinem Mutterschutz warten. Bereits drei Wochen im Voraus blockte ich zwei freie Tage von Tim für das Besorgen und das Aufbauen der Möbel, mit Kalendereintrag, damit es nicht wieder untergeht. Ich hatte das Zimmer inzwischen alleine geplant, auch erste Babykleidung und sonstige Notwendigkeiten besorgt, einen Kinderwagen gebraucht erstanden und einiges von Freunden entgegengenommen. Tim freute sich, wenn ich ihm kleine Babysachen entgegenhielt, aber viel Anteil konnte er an alledem nicht nehmen. Umso schöner waren die Momente, wo das Baby fleißig im Bauch turnte und er da war, um es zu sehen und bestenfalls auch zu spüren. Wenn es denn nicht frecherweise immer genau dann aufhören würde, sobald Papa die Hand auf den Bauch legte.

An dem ersten freien Tag von Tim schaffen wir es, die Möbel einzukaufen. Dann stehen erst einmal mehrere Tage Möbelpakete unangerührt in der Wohnung. Ich räume währenddessen das Zimmer nach und nach aus, damit es für den Umbau zum Kinderzimmer vorbereitet ist.

Als der nächste freie Tag kommt, an dem Tim eigentlich die

Möbel aufbauen will, macht uns sein Job wieder einmal einen Strich durch die Rechnung. Bei der Verfolgung eines Einbrechers verletzt er sich beim Rennen und hat starke Schmerzen, zieht die Schicht aber bis zum Ende durch. Zu Hause angekommen, legen wir gleich mit der Erstversorgung los; kühlen, Fuß hochlegen, Salbenverband. Im Versorgen kleinerer bis mittlerer Verletzungen bin ich als Polizistenehefrau inzwischen recht firm. Auch am nächsten Tag kann Tim wegen der Schmerzen kaum laufen und verbringt den Tag mit hochgelegtem Bein auf dem Sofa. Möbel bauen sich so keine auf.

Zum Glück war die Verletzung letztlich weniger schlimm als gedacht, und nach anderthalb Tagen Ruhe geht es bereits wieder mit dem Laufen. Ein kleiner Teil in mir wünscht sich manchmal, dass Tims Verletzungen so gravierend sind, dass sie eine Krankschreibung erfordern. Zum einen aus Egoismus, um Tim mal ein paar Tage zu Hause zu haben. Zum anderen, weil so eine Zwangspause tatsächlich nicht schlecht für ihn wäre. Ruhe und Erholung kann er wirklich gebrauchen. Aber natürlich will ich nicht, dass ihm ernsthaft etwas passiert, und so bin ich froh, als der Spuk nach wenigen Tagen vorbei ist und es ihm wieder gut geht. Und irgendwann stehen dann auch das Babybett im Schlafzimmer sowie Kleiderschrank und Wickelkommode im Kinderzimmer bereit. Das hat er in den folgenden Tagen eben zwischen den Schichten erledigt. Als ich die Babysachen einräume, bin ich wieder einmal hin und her gerissen: Auf der einen Seite bin ich dankbar und freue mich, dass nun alles aufgebaut ist. Auf der anderen Seite ärgere ich mich, weil ich den Aufbau nicht allein habe schaffen können und Tim damit um mehr Erholung gebracht habe.

Wenn das Baby erst mal da ist, wird es für ihn nicht einfacher werden, überlege ich, während ich weiter Strampler falte. Die wenige Zeit, die er schon jetzt nur hat, muss er dann durch zwei teilen. Durch drei, wenn wir als Paar auch irgendwie noch Zeit füreinander finden wollen. Ich verstehe, warum Tim deshalb zögerte, sich für ein zweites Kind zu entscheiden. Erst letztens war er wieder knapp 30 Stunden wach, um mich zu unterstützen. Er stand früh mit auf und half bei den morgendlichen Vorbereitungen. Während ich Ben in die Kita brachte und damit rechnete, dass Tim sich wieder hinlegte, begann er, weiter am Kinderzimmer zu bauen. Nur wenige Stunden gönnte er sich, um etwas auf der Couch vor dem Fernseher auszuruhen. Am Nachmittag holten wir Ben gemeinsam wieder ab, und Tim ging mit ihm zum Sport. Währenddessen kümmerte ich mich um das Abendbrot, denn Tims Schichtbeginn rückte immer näher. Nach einem gemeinsamen Essen brach Tim in die Nachtschicht auf, was noch einmal zehn Stunden Arbeit bedeutete. Am nächsten Morgen war ich völlig gerädert, da ich in der Nacht wieder mehrmals mit Erbrechen zu kämpfen und insgesamt echt mies geschlafen hatte. Da mich das Erbrechen auch am Morgen in Schach hielt und ich laut Tim furchtbar aussah, blieb er wach, um mir zu helfen, und wollte Ben dann sogar auch noch in die Kita bringen. Obwohl ich es furchtbar fand, wie lange Tim jetzt schon auf den Beinen war, nahm ich die Unterstützung an diesem Tag sehr dankbar an. Erst nach knapp 30 Stunden konnte Tim dann endlich ins Bett fallen und mehr als verdient schlafen.

Ja, leicht werden wir es sicher nie haben, denke ich, während ich die Wickelkommode einräume. Aber wir haben uns. Das «Wir» und das «Gemeinsam» werden immer die größten Kostbarkeiten in unserem Leben sein. Ich muss an meinen befreundeten Kollegen Marco denken, der mir vor einiger Zeit erzählte, dass er, nachdem ich ihm von meinen schiefgelaufenen Weihnachten letztes Jahr und den Umständen, die wir jedes Jahr mit den Feiertagen haben, erzählt hatte, seine ganz typischen Weihnachten mit selbstverständlichen freien Tagen und viel Zeit mit der ganzen Familie wieder etwas mehr zu schätzen gelernt habe. Seine Worte hallen noch immer in mir nach und machen mir Mut.

Ich stelle kleine Babyschuhe in den Schrank. Und ich halte kurz lächelnd inne. Wir suchen nicht das große Glück. All die Umstände haben uns bescheiden bleiben lassen.

Der Schlüssel dreht sich im Türschloss, und Tim und Ben kommen herumalbernd herein. Am Ende des Tages ist es das kleine große Glück, das Lachen seines Kindes zu hören und seinen Mann in den Arm nehmen zu können. Glück ist es eben auch, wenn einfach mal nichts passiert.

Und ich bin dankbar, dass ich über all dem Frust und Ärger, den Sorgen und Mühen diesen Moment der tiefen Zufriedenheit empfinden kann. Wie beim Anblick eines wunderschönen Kartoffeltopfes mit gut geklebtem Riss.

Nachwort

Ein Brief mit ungeahnter Wucht II

Nachdem ich im September 2016 den offenen Brief an den damaligen Polizeipräsidenten Klaus Kandt geschrieben hatte, ließ ich ihn etwa eine Woche unangerührt liegen. Danach las ich ihn noch mehrmals und überlegte hin und her, was ich damit tun sollte. Ich wollte mitteilen, was mich bewegte. Aber ich fürchtete auch, was das für Tim beruflich bedeuten könnte. Ich hatte den Brief ja von Anfang an als offenen Brief angelegt. Da ich auf eine Antwort vom Polizeipräsidenten hoffte, war von vornherein klar, dass ich den Brief mit Namen und Kontaktadresse abschicken würde. Damit war es natürlich ein Leichtes, auf meinen Mann zu schließen. Aber nachdem ich bereits seit Monaten darüber schimpfte, dass viele zwar über die Zustände meckern, aber keine Änderungen einfordern, konnte ich nun nicht vor ebendiesem Schritt kneifen. Allerdings entschied ich hier im Zweifel über die Karriere meines Mannes. Das war ein großer Konflikt, den ich über Tage mit mir selbst austrug.

Während dieser Zeit, als der Brief auf meinem Rechner ruhte, war ich beruflich enorm eingebunden. Seit Wochen hatte ich keinen freien Tag gehabt und mehr als das Doppelte meiner eigentlichen Arbeitszeit gearbeitet. Eigentlich funktionierte ich nur noch, und das mehr schlecht als recht. Vielleicht wollte ich deshalb endlich loswerden, was ich da geschrieben hatte. Wir haben das große Glück, einen guten, wenn auch fordernden Weg gefunden zu haben, sodass Tims Arbeitsumstände nicht unsere Familie zerstören. Aber gerade in dieser Zeit wurde mir tagtäglich vor Augen geführt, wie hoch der gesundheitliche und auch seelische Preis ist, den wir dennoch zahlen müssen.

Meine berufliche Belastung würde sich in absehbarer Zeit wieder etwas normalisieren, aber immer auf vergleichbar hohem Niveau bleiben. Wenn ich auch das nicht mehr schaffen würde, bliebe mir einzig die Option, den Beruf, das Team und auch den Erfolg mit beidem aufzugeben. Ich würde also ein großes Stück meines Selbst aufgeben – und unsere Familie wahrscheinlich auch finanziell in die Bredouille bringen.

Ich drehte mich hier im Kreis. Und musste mir eingestehen: Wir als Familie befanden uns durch die hier in Berlin vorherrschenden negativen Umstände von Tims Beruf in einer Sackgasse. Ich wollte nicht, dass es auf ewig so weitergeht. Ich wollte, dass die bis dahin in meinen Augen ineffektive Diskussion um die miserablen Zustände bei der Berliner Polizei nicht nur Fahrt aufnimmt, sondern auch endlich einmal wirklich etwas Konstruktives getan wird. Es sollte nicht mehr nur abstrakt über Polizisten gesprochen und entschieden werden, sondern endlich auch die Personen und die Geschichten dahinter gesehen und besprochen werden. Schließlich geht es hier nicht nur um ein paar tausend «kleine» Polizisten auf der Straße: Darüber hinaus sind Zehntausende Angehörige unmittelbar von der Situation betroffen. Ich wollte die Opfer, die wir als Familien erbringen, deutlich beschreiben, weil das bisher entweder kein anderer Angehöriger (laut genug) getan oder es niemanden interessiert hatte. All diese angeprangerten Umstände sind änderbar, und ich wollte das Hickhack darum nicht mehr hinnehmen!

Im Oktober 2016 dachte ich schließlich: Augen zu und durch. An dem Tag, an dem ich den Brief zum damaligen Berliner Polizeipräsidenten Klaus Kandt sendete, erzählte ich

Tim, dass ich seinem Chef etwas geschrieben hatte. Sein Blick sprach Bände. Er las den Brief und war hin und her gerissen zwischen Zustimmung und Befürchtungen. Das musste erst einmal sacken. Schließlich gab ich den Brief über eine gemeinsame Freundin weiter, die sich in der GdP, der Gewerkschaft der Polizei, engagiert.

Schon einen Tag später meldete sich Steve Feldmann, Mitglied des Vorstandes der GdP, an den mein Brief übergeben worden war. Wir unterhielten uns über den Inhalt, der ihn, wie er mir sagte, sehr bewegt, aber auch überrascht habe: Die Auswirkungen, welche die Missstände bei der Berliner Polizei auch auf die Angehörigen und ihr Umfeld haben, seien ihm bisher nicht bewusst gewesen. Er fragte, ob sie den Brief über ihre Plattformen veröffentlichen dürften, und wir sprachen über meine Sorgen, was eine Veröffentlichung und die damit einhergehende Aufmerksamkeit für Tim bedeuten könnte. Diese Sorgen konnte er mir natürlich nicht nehmen, sicherte mir aber für den Fall der Fälle seine Unterstützung zu.

An diesem Punkt hoffte ich, mein Brief könnte dazu führen, dass die Angehörigen sich verbündeten, sich in die Debatte einbringen und somit den Druck erhöhen würden. Dass die Presse, vor allem die überregionale, den Brief so umfangreich aufgreifen würde, kam mir nicht in den Sinn. Doch während der damalige Polizeipräsident weiter schwieg, ging der Brief plötzlich viral.

Was dann folgte, überrollte mich. Überrollte uns. Ich weiß noch, wie ich einer Freundin nach wenigen Tagen per WhatsApp schrieb, ich hätte gerade Tims Karriere ruiniert. Ich war auf all die Aufmerksamkeit nicht vorbereitet, und war euphorisch und skeptisch zugleich: Einerseits hatte ich nun die Chance, viel Wirbel zu machen und damit auch Druck ausüben zu können.

Andererseits würden dadurch aber auch meine Familie und ich sehr in den Fokus rücken. Von Beginn an stand es völlig außer Frage, dass ich unser Kind für die Sache einspannen würde. Ich überlegte sehr genau, wie viel ich über Ben erzählte – denn instrumentalisieren wollte ich ihn nicht.

Ebenso galt es, zwar über Tim zu reden, ihn aber dabei anonym bleiben zu lassen. Er war natürlich durch mein offenes Auftreten in der Führungsebene so oder so bekannt, aber dennoch musste nicht jeder wissen, dass er Polizist und wir die Familie eines Polizisten sind. Für ihn waren das Sicherheitsaspekte. Hinzu kam: Obwohl er immer wieder sagte, er sei stolz und finde es richtig, was ich gemacht habe – in manchen Momenten verfluchte er mich sicher dafür. Zwar hatte der Personalrat ihm zugesichert, dass er auf allen möglichen Ebenen Unterstützung erhalten würde, sollten ihn Repressalien aufgrund meines Briefes erwarten, aber uns allen war klar: Der Brief könnte ihm auch nach vielen Jahren noch an irgendeiner Stelle auf die Füße fallen, und niemand könnte nachweisen, dass dem so ist.

Während also die Wellen hochschlugen, versuchte ich mich irgendwie zu ordnen. Dabei half mir Benjamin Jendro, Pressesprecher der GdP, der mich bei den Presseanfragen unterstützte und half, meine gewünschte Anonymität zu wahren.

Die Woge der Solidarität in Medien und sozialen Netzwerken war auf jeden Fall die größte Überraschung, denn im Alltag erlebt man ja leider eher die kritische bis ablehnende Haltung zur Polizei. Nun zeigte sich, dass diese Stimmen offensichtlich einfach lauter sind. Ich und vor allem auch Tim sind begeistert, wie viel Zustimmung und Anerkennung seinem Beruf entgegengebracht wird.

Mich berührt aber vor allem, wie ähnlich es uns Polizistenfamilien geht. Hunderte stimmten meinen Zeilen zu und erzählten von ihren Erfahrungen. Das zeigte mir, dass ich nicht irgendwie besonders empfindlich bin, nein, die meisten Angehörigen empfinden ihre Lebenssituation als ebenso schwierig wie ich, opfern tagtäglich mindestens genauso viel und kämpfen ebenso beständig um ihre Beziehung. Endlich fühlte ich mich nicht mehr allein. Gleichzeitig war ich stolz, dass ich durch meine Zeilen so vielen eine Stimme geben konnte. Die Menschen fanden meinen Schritt mutig und waren froh, dass es endlich mal jemand in einer solchen Deutlichkeit ansprach. Und nicht nur im Berliner Raum gab es Reaktionen. Die Erfahrungen, die Sorgen und der Frust der Polizeifamilien ähneln sich bundesweit. Dennoch, viele Polizisten aus anderen Bundesländern bewerten die Zustände in Berlin als die schlimmsten.

Viele Angehörige und Polizisten wünschten sich explizit eine große Aufmerksamkeit für meine Zeilen in allen Medien und erhofften sich damit endlich die Initialzündung für eine Änderung der Zustände. Für mich war dennoch ziemlich schnell klar, dass ich nicht in die Medien möchte. Es ging – und geht – mir bei dem ganzen Thema nie darum, mich in den Vordergrund zu stellen. Auch wenn ich durch meinen Brief jetzt quasi als Sprachrohr der Angehörigen fungierte und mir durch die Aufmerksamkeit Druck auf die Entscheider in Polizeiführung und Politik erhoffte. Der Wirbel um meine Person aber war mir zu viel – mal abgesehen davon, dass er in einer für mich schwierigen Zeit kam. So beschloss ich rigoros, zwei Interviews zu geben und alle anderen Medienanfragen abzublocken. Ungünstig für die Sache – und sehr zuträglich für die Polizeiführung, die so den Sturm nur aussitzen musste. Aber für mich und meine Familie zu diesem Zeitpunkt die beste Lösung.

Das Gespräch mit Polizeipräsident Kandt

Es dauerte zwei Wochen, bis ich Antwort vom damaligen Polizeipräsidenten bekam. Zunächst hatte er sich in der Abendschau des Senders rbb über meinen Brief und die darin genannten Punkte geäußert und mich und unsere Erfahrungen als Familie zu einem Einzelfall degradiert. Nachdem er sich zu diesem Zeitpunkt noch nicht bei mir gemeldet hatte, machte ich mir nach dieser Aussage keine großen Hoffnungen mehr auf ein ernsthaftes und konstruktives Gespräch. Vielleicht mahlen die Mühlen in der Behörde langsam, vielleicht war es der öffentliche Druck oder vielleicht wollte man dem Gesagten (und damit auch meinem Mann) erst einmal nachgehen – irgendwann jedoch kam das Antwortschreiben, und Tim und ich wurden zu einem Gespräch eingeladen.

Tim wollte dieser Einladung nicht nachkommen. Der Brief sei schließlich meine Sache und meine Meinung, auch wenn er mich voll unterstützen und meine Meinung ganz und gar teilen würde. Ich sehe es genauso und möchte Tim außerdem, soweit es geht, aus der Schusslinie nehmen. Den Brief habe ich als Ehefrau und Mutter geschrieben, und mit genau diesem Ansatz wollte ich in die Diskussion gehen.

Zunächst hoffe ich auf ein Vieraugengespräch, bei den Absprachen zum Treffen sagt man mir aber, es würde noch ein Sprecher der Polizei dabei sein. Also kündige ich an, dass auch ich noch eine Begleitung mitbringen werde. Und so sitze ich ein paar Wochen später mit Marco, meinem befreundeten

Kollegen, im Foyer des Polizeipräsidiums und warte auf das Gespräch. Wir werden freundlich von einer Dame der Pressestelle in Empfang genommen und führen auf dem Weg zum Büro des Polizeipräsidenten lockeren Smalltalk.

Der Vorraum zum Büro ist mit einigen Menschen gefüllt, und es ist etwas schwer, sich zu orientieren. Schon während des Ganges durch das Gebäude fühlte ich mich beobachtet, hier sind die Blicke noch einmal interessierter und aufmerksamer. Natürlich bin ich nervös, ein bisschen fühlt es sich so an wie der Gang in die Höhle des Löwen. Aber ich freue mich über die Möglichkeit, direkt mit Herrn Kandt sprechen zu können, und bin gespannt, wie das Gespräch läuft und ob ich vielleicht sogar etwas erreichen kann. Er tritt aus der kleinen Gruppe Uniformierter heraus und begrüßt mich. Unaufgeregt und charismatisch, mit festem Händedruck und klarem Blick.

Bei dem Gespräch sind dann neben Klaus Kandt noch zwei weitere Kollegen anwesend. Die Frau aus der Presseabteilung, die uns in Empfang genommen hat, und ein Herr aus der Personalabteilung. Das war so nicht verabredet und ist ein bisschen unhöflich. Immerhin ist es für mich bereits ein Schritt, in das Polizeipräsidium zu kommen, in das Haus des Mannes, den ich vorher sehr öffentlichkeitswirksam kritisiert habe. Dann Fremden in der Überzahl gegenüberzusitzen und ein Gespräch zu führen, bei dem vorher nicht abzusehen ist, wie die Stimmung sein wird, ob verständnisvoll und interessiert oder angespannt und kontrovers, ist die nächste Herausforderung und erinnert an eine Prüfungssituation. Nicht zuletzt ist es auch gegen die Absprache. Ich versuche jedoch, mir nichts anmerken zu lassen, und steige möglichst selbstbewusst ins Gespräch ein.

Warum mein Mann nicht mitkommen wollte, ist eine der

ersten Fragen. Ich nenne beide Gründe, und Kandt gibt sich überrascht. Er könne sich nicht erklären, warum die Sorge besteht, dass mein Brief Tim zum Nachteil gereichen könnte, ihn gar Repressalien erwarten würden. Er pflege eine Kultur der Offenheit, seine Tür stehe für Sorgen und Kritik immer offen. Das kann ich natürlich nicht beurteilen, ich finde es nur auffällig, dass unsere Bedenken von vielen Kollegen im Vorfeld geteilt wurden. Auch in den Medien treten Polizisten aus anderen Bundesländern offen auf, während Berliner Polizisten meist unerkannt bleiben möchten. Ich würde mich, gab ich dem damaligen Polizeipräsidenten zu verstehen, schon fragen, warum diese Diskrepanz zwischen seiner deklarierten Offenheit und der Wahrnehmung der Kollegen besteht.

Eines der weiteren Themen, die mir auf dem Herzen brennen, ist das Dienstzeitenmodell. Hier kommen wir nicht wirklich zusammen. So erzählen mir der Mann der Personalabteilung und Kandt, dass es nicht leicht sei, ein neues Dienstzeitenmodell zu entwerfen, das allen gerecht werde und gut in allen Personallagen und Abschnitten funktionieren würde. Mich verwundert allerdings die Aussage, die Unzufriedenheit mit dem aktuellen Modell sei gar nicht so groß. Das habe ich bei Diskussionen mit anderen Polizisten, in den sozialen Medien und auch in Reaktionen auf meinen Brief eindeutig anders erlebt. Hier war die einhellige Meinung, dass dieses Dienstzeitenmodell einen fertigmacht.

Natürlich reden wir auch über Bezahlung und Ausstattung, und natürlich herrscht hier Konsens, dass es bei beidem dringend Verbesserungen bedarf. Trotz Erklärungen, die sehr ehrlich und offen erscheinen, und Versprechungen von künftigen merkbaren Gehaltserhöhungen fühle ich mich ebenso professionell abgewiegelt, wie man es aus der Politik kennt, wenn Themen unbequem sind oder man sich nicht verbindlich äußern will. Während das Gespräch insgesamt durchaus konstruktiv ist, gibt es, während wir über das Gehalt sprechen, einen Moment, in dem ich aufkommenden Ärger herunterschlucken muss. Die Frau aus dem Presseressort klinkt sich beim Thema Gehalt ein, um mir mitzuteilen, sie finde, dass das Gehalt mit Blick auf die ganzen Vergünstigungen für Beamte doch gar nicht so schlecht sei. Für eine Sekunde muss ich mich zur Räson rufen. Gerne hätte ich geantwortet, dass sie mit ihren vielen goldenen Sternen (sie ist im höheren Dienst und verdient damit das Doppelte von Tim) und ihrem entspannten Bürojob vielleicht ein bisschen den Bezug dazu verloren hat, was es bedeutet, als Polizist mit den alltäglichen Arbeitsumständen und dem geringen Gehalt zurechtzukommen. Aber ich halte mich zurück und verweise lediglich darauf, dass diese Aussage ein Schlag ins Gesicht der Polizisten ist, die quasi pausenlos durcharbeiten, den Gefahren des Berufes voll ausgesetzt sind und sich dann auch noch privat krankenversichern müssen. Dennoch glaube ich, dass ihre Meinung stellvertretend für die Einstellung in der Führungsebene und damit auch sinnbildlich für die Entfremdung von der Basis steht. Diese Entfernung voneinander kritisiere ich im Gespräch auch sehr deutlich. Die Reaktion darauf bleibt leider uneinsichtig und verhalten. Dennoch empfinde ich das Gespräch als durchaus sinnvoll.

Im Nachhinein wäre ich gerne bei manchen Punkten besser informiert gewesen. So sprachen wir zum Beispiel auch kurz darüber, dass immer mehr Polizisten Nebenjobs hätten, was Kandt bezweifelte. Auch der Personaler schüttelte den Kopf. Ich wünschte, ich hätte da schon gewusst, dass jeder Polizist, der einen Zweitjob annehmen möchte (beziehungsweise muss), dies von seinem Dienstherrn genehmigen lassen muss. Haben die beiden in diesem Moment über 1500 Streifenpolizisten mit Nebenjob vergessen? Oder war ich hier tatsächlich Zeugin der «Variation von Tatsachen», die die damalige Berliner Polizeiführung bei brenzligen Themen gerne praktizierte?

Gerne würde ich das Gespräch heute noch einmal führen. Damals war ich ziemlich aufgeregt und hatte noch nicht so ganz erkannt, dass ich hier die einmalige Gelegenheit hatte, aufgrund meiner Rolle abseits von politischem und hierarchischem Tamtam alles schonungslos auf den Tisch bringen zu können.

Aber ich bin dennoch recht zufrieden. Ich muss unbequem gewesen sein, denn wer mich mit den Worten verabschiedet: «Ich hoffe, Sie sind jetzt zufrieden und ich lese zukünftig nichts mehr von Ihnen», dem muss ich mit meinen Aussagen doch ziemlich auf die Nerven gegangen sein. Einen empfindlichen Nerv getroffen habe ich sicher.

Abschließende Gedanken

Die Odyssee, die ich durch meinen offenen Brief erlebte, mit dem Medienrummel, den vielen Recherchen und Gesprächen mit unterschiedlichen Vertretern von Parteien und Gewerkschaft, war turbulent. Viel getan hat sich für die Polizisten und damit auch ihre Familien seitdem nicht. Allenfalls gibt es kleine Schritte, vielleicht ein anderes Bewusstsein für Polizisten, ihre Angehörigen und ihre gemeinsame Leistung.

Für mich bleibt die Erkenntnis, dass die Berliner Polizei unter Polizeipräsident Klaus Kandt und Vizepräsidentin Margarete Köppers an zwei entscheidenden Problemen krankte: effizientes Management und Kommunikation.

Es ist leicht gesagt, die Behörde brauche dringend sehr viel mehr Geld. Für Löhne, für Ausrüstung und für die Instandhaltung der Polizeigebäude. Es ist aber die eine Sache, das Geld in die Hand zu nehmen. Die andere ist, es sinnvoll einzusetzen. Oft wird für den Dienst Unpraktisches angeschafft, vermutlich weil Menschen über die Anschaffung entscheiden, die die Bedürfnisse des Streifendienstes nicht (mehr) kennen. Viele Abläufe sind umständlich und bürokratisch, sodass Polizeibeamte viel Zeit am Schreibtisch verbringen und immer wieder für die sprichwörtliche Tonne arbeiten. Hier bedarf es Reformen – und einer Führung, die Managerqualitäten hat.

Was bei der Doppelspitze aus Kandt und Köppers besonders negativ auffällt, ist die Kommunikation, vor allem bei größeren Krisen. Wohlwollend kann man sie als ungeschickt beschreiben, immer wieder jedoch erlebte ich sie als taktlos, der Basis enthoben, unreflektiert und bisweilen gar selbstbemitleidend. Neben dem eingangs genannten Brandbrief Kandts anlässlich der Rauberernennungen ist auch die Plakataktion im Rahmen der 140 000 Euro teuren Imagekampagne ein eindrückliches Beispiel für misslungene Kommunikation. So werden in Berlin Plakate mit «frechen» Sprüchen geklebt, die zum einen die Wertschätzung für die Arbeit der Polizei erhöhen und zum anderen um Nachwuchs werben sollen. Hier liest man dann: «Zwischen Beamtenarsch und Arschretter liegt oft nur ein vereitelter Überfall» oder – besonders schön – «Zwischen A.C.A.B. und Polizeiakademie liegt oft nur eine Bewerbung».

Nimmt man es genau, werden hier die Polizisten auf den eigenen Plakaten beleidigt. Die Sprüche sollten provozieren, ja – aber die eigenen Kollegen waren wohl eher nicht Ziel der Kampagne.

Auch die Keksausstecher, die die Berliner Polizeiführung 2017 kurz vor Weihnachten an alle Polizisten verschenkte, haben ihr gewünschtes Ziel verfehlt. Dem Keksausstecher in Form des Polizeisterns lag die herzige Notiz bei: «Manchmal sind es die kleinen Gesten, die Verbundenheit zeigen und vielleicht sogar ein Lächeln zaubern.» Ein Keksausstecher, wie bezaubernd ...

Unser Sohn fand das Geschenk übrigens toll, was nicht unbedingt für das Geschenk spricht. Ganz im Gegenteil: Ein Kindergartenkind freut sich über einen Keksausstecher und das Emblem, das Papa auf der Uniform trägt, weil er stolz auf seinen Papa ist. Gestandene Erwachsene, die im Berufsalltag bereits einiges durchlebt haben und sich von ihrer Führung im Stich gelassen oder gar verraten fühlen, sind verständlicherweise nicht mit derselben Begeisterung bei der Sache. Zumal ich mich frage, wie viele der Polizisten zur Weihnachtszeit überhaupt dazu kommen, mit ihren Kindern Kekse zu backen. Und wie viele dann, wenn sie denn das Glück haben, den Dienst mal für einige besinnliche Stunden hinter sich zu lassen, genüsslich in einen Polizeistern-Keks beißen.

So kommt es, dass sich vor allem in den sozialen Medien die Wut der Polizisten über dieses Weihnachtsgeschenk teils ziemlich heftig entlädt. Es gab Spott und Hohn, sogar ein Video, in dem eine Rauchgranate in eine Kiste mit Keksausstechern geworfen wird, macht die Runde. Ob sie echt war und wirklich zündete, lässt das Video allerdings offen.

Ja, allen Polizisten einen Keksausstecher zu Weihnachten zu schenken, war eine nette Geste. Aber angesichts der turbulenten Jahre und der angespannten Lage überrascht mich die ablehnende Reaktion vieler Polizisten nicht. Denn es bleibt eben nur wieder eine Geste, nichts Handfestes. Und statt sich zu fragen, wie es dazu kommen kann, dass ein kleiner Keksausstecher eine solch enorm negative Reaktion hervorruft, wird aus der Führungsebene durch den Pressesprecher Thomas Neuendorf mitgeteilt, man solle das Geschenk annehmen und bei Nichtgefallen wegpacken und einfach den Mund halten. Das kann man natürlich so sagen, darf sich dann aber nicht wundern, wenn es bei den Beschenkten weniger gut ankommt.

Vieles läuft bereits sehr schief, inzwischen auch mit großem öffentlichem Interesse, Kandt aber scheint jedoch lange unantastbar. Vielleicht, weil es an Alternativen für den Posten mangelt, vielleicht, weil Kandt für die Politik einfach zu bequem ist. Immerhin konzentriert sich der Ärger über den schlechten Zustand der Berliner Polizei sowie die Skandale mit der Zeit auf ihn als Person und rückt die eigentlichen Verantwortlichen –

erst die rot-rote Regierung Berlins, die fast ein Jahrzehnt sparte «bis es quietscht», und schließlich die GroKo, die, nachdem die Polizei vollkommen heruntergewirtschaftet war, kaum gegensteuerte – aus dem Fokus. Margarete Köppers wird indes neue Oberstaatsanwältin in Berlin, trotz laufendem Untersuchungsverfahren gegen sie wegen der krankmachenden Schießstände. Für jeden anderen Polizisten würde ein Strafverfahren in der Regel zu einem Disziplinarverfahren und damit auch einem Beförderungsstopp führen. Köppers allerdings macht weiter Karriere und verlässt die Berliner Polizei zum März 2018.

An einem Montag Ende Februar 2018 kommt dann der große Knall: Klaus Kandt wird überraschend vom Innensenator Andreas Geisel in den einstweiligen Ruhestand geschickt, mit der Begründung, Kandt stehe nicht für Erneuerungen. Er, Geisel, wolle eine Polizei, die von den Bürgern anerkannt und wertgeschätzt werde, in der alle stolz seien und an einem Strang zögen. Ohne Kandt direkt zu kritisieren, sagt er mit diesen Worten doch deutlich, dass er Kandt dafür nicht als den Richtigen ansieht.

Und schickt ihn in einer kurzfristig anberaumten Pressekonferenz überraschend in den Ruhestand. Kandt selbst erfuhr davon erst kurz vorher.

Ich bin davon überzeugt, dass ein Neuanfang nur mit neuer Polizeispitze möglich sein wird. Bei aller Kritik an Kandts desaströser Krisenkommunikation, der mangelnden Kritikfähigkeit und dem von mir kritisierten viel zu späten und viel zu zögerlichen Eintreten für seine Behörde, ist diese Art des Rauswurfs echt bitter.

Für mich bleibt es fraglich, wie hartnäckig ein neuer Polizeipräsident für seine Behörde eintritt, wenn es dadurch für die

Politik unbequem werden könnte – schließlich wird er vom Innensenator, also der Politik, berufen. Nach dem ganzen Raubbau muss die politische und vor allem behördliche Führung aber alles dafür tun, dass die Polizei hinreichend handlungsfähig bleibt, die dort arbeitenden Menschen dafür aber nicht verheizt werden. Denn was uns als Familien so sehr schadet, ist die Gleichgültigkeit in Behördenleitung und Politik gegenüber den existierenden Problemen.

Es ist eine große Herausforderung, Familienangehörige eines Polizisten zu sein. Und es erfordert tagtäglich Opferbereitschaft. All das Alleinsein, das Verzichten und auch die dadurch ständige Entfremdung voneinander, gegen die stets mühsam angekämpft werden muss – all das schlägt Wunden. Aber man leistet das nicht für irgendeinen Job. Es geht um Ideale und den Dienst an der Gesellschaft. Viele Polizisten sind stolz, ihre Uniform zu tragen. Für meinen Mann ist es noch immer eine Ehre.

Ein Polizist soll als Repräsentant der Regierung eine Respektsperson darstellen, stark und unfehlbar sein. Dabei erlebt jeder Polizist seinen Arbeitsalltag anders als seine Kollegen. Es reicht schon ein Wechsel des Bezirks, und die Erlebnisse und Herausforderungen können sich umfassend unterscheiden. Hinzu kommt: Kein Mensch fühlt, denkt und handelt exakt so wie ein anderer. Wo dem einen eine große Portion schwarzer Humor hilft, ein schreckliches Erlebnis zu verarbeiten, zerbricht der andere daran.

Es geht mir nicht darum, bemitleidet zu werden. Es geht um Empathie. Auch wenn sich die Polizeibeamten ihren Beruf selbst ausgesucht haben, müssen sie nicht alle seine Facetten hinnehmen oder ertragen können. Wer mit einem Polizisten zusammenlebt, muss nicht immer alle Herausforderungen stumm meistern.

Wenn die Pauschalantwort an alle Polizisten und uns Angehörige, die die Umstände kritisieren, ein «so ausgesucht, so hinzunehmen» ist, braucht man sich über Nachwuchssorgen und hohen Krankenstand nicht zu wundern. Mal ganz abgesehen davon, dass die meisten Menschen wohl ziemlich froh sind, wenn nicht jeder Polizist das gängige «Dann such dir doch einen anderen Job» befolgt, wenn er etwas kritisch sieht oder gar an Grenzen stößt. Dann hätten wir nämlich ganz schnell ein arges Sicherheitsproblem im Land.

Vielmehr sollte man konstruktive Kritik der Polizisten und das Alarmschlagen der Angehörigen ernst nehmen, annehmen und bei der Entwicklung von Abläufen und Lösungen mitdenken. Denn bei diesem Beruf sind wir Angehörigen ganz besonders mitbetroffen. Unsere Erfahrungen scheinen sich in so vielen Punkten zu ähneln, auch über die Landesgrenzen hinaus. Daher sollten wir zusammenstehen und Probleme klar und unablässig benennen, um für eine Besserung einzutreten.

Ich will nicht einfach nur meckern, ich will auch kein Lob für meine Leistung, ich will erst recht kein Mitleid. Ich will eine wichtige Perspektive zum Thema hinzufügen und die Umstände verbessern und nicht weiter mit ansehen, wie die so sehr notwendige Leidenschaft für diesen Beruf bei vielen stirbt.

Ich lasse mich und meine Familie nicht von den Zuständen zermürben, und ich lasse mir von unwilligen Entscheidungsträgern nicht den Stolz nehmen, den ich für meinen Mann und seine Leistung, den ich für seinen Beruf als Polizist empfinde. Ich stehe hinter meinem Mann und seinen Kollegen und hoffe, dass sie ihr Engagement und ihren Mut nicht verlieren, auch wenn die Realität kräftig am Idealismus nagt, der die meisten zu diesem Beruf brachte.

Ich stehe zusammen mit jedem Angehörigen eines Polizisten. Ihr seid der sichere Hafen, den unsere Männer und Frauen dadraußen auf den Straßen brauchen. Für diese enorme Leistung wünsche ich euch Kraft und Zuversicht. Und ich wünsche uns allen, dass sich die Dinge zunehmend zum Besseren wenden werden. Ich werde nicht müde werden, dafür einzustehen.

Das für dieses Buch verwendete Papier ist FSC®-zertifiziert.